Luisa Francia

Wortwechsel

Luisa Francia

Wortwechsel

Frauenoffensive

1. Auflage, 2006

Verlag Frauenoffensive
Weißenburger Str. 40, 81667 München
www.verlag-frauenoffensive.de
info@verlag-frauenoffensive.de

ISBN 3-88104-375-6
EAN 978-3-88104-375-5

Druck: Clausen & Bosse, Leck
Umschlaggestaltung: Erasmi & Stein, München
nach einem Entwurf von Luisa Francia

Dieses Buch ist gedruckt auf Papier aus chlorfrei gebleichtem Zellstoff.

INHALT

1 DIE MACHT DER WORTE

2 DER MAGISCHE UMGANG MIT WORTEN

Wer hinter meinem Rücken redet,
redet mit meinem Arsch.
(Gertrud Thomele)

Ich kenne eine Frau
hat Augen wie Kakao
hat Beine wie 'ne Leberwurst
ich kenn sie ganz genau
sie heißt
Zipziwilipziwilonika
(Kinderspruch)

1 DIE MACHT DER WORTE

DAS ERSTE WORT

Ma. Maha. Ba. Baba. Das sind einerseits die ersten Laute eines Kindes, andererseits die ersten göttlichen Wesen. Der Sprachforscher Richard Fester hat herausgefunden, dass Ma und Ba in verschiedenen frühen Kulturen zugleich Frau, Göttin, Nahrung und Schutz bedeutete. Mit Ma und Ba fing die Epoche der sprachlichen Kommunikation an. Davor gab es kein Gaumenzäpfchen und damit keine Sprache. Diese Zeit wird von der Wissenschaft als Vorgeschichte bezeichnet, obwohl sie im Vergleich zur Geschichte der sprechenden Menschen wesentlich länger dauerte und weniger zerstörerisch war. Denn kaum konnten die Menschen sprechen, fingen sie auch schon an, alles kaputt zu machen.

Jedenfalls geht die Geschichte des Sprechens und später des Schreibens mit Kriegen und Machtkämpfen einher. Daher kommt vielleicht der Ausdruck „jemandem den Krieg erklären"? Erklären wäre ja schön, dann müsste vermutlich keiner gemacht werden. Aber erklären heißt in diesem Fall die Waffen sprechen lassen. Deren Sprache ist bekanntlich von erschreckender Direktheit.

Der bisher älteste entschlüsselte Satz lautet: „Bärgöttin und Vogelgöttin sind wirklich die Bärgöttin." Er wurde vor rund 7000 Jahren auf zwei tönerne Spinnwirteln, das sind die Schwunggewichte einer Handspindel, geritzt. Sie wurden bei Jela westlich von Belgrad am Fluss Sawe gefunden.

Die Zeichen stammen aus der sogenannten Vinca-Schrift und wurden von dem Sprachwissenschaftler Toby Griffen entziffert. Sie waren von vorn und von rückwärts lesbar, im Kreis auf die Spinngewichte graviert. Im Vergleich mit anderen, bereits entschlüsselten Texten konnte Griffen den Satz zunächst in Fragmenten übersetzen: Bär Göttin Vogel Göttin Bär Göttin Göttin. Das Wort Göttin ist umrahmt, wie um die Bedeutung zu unterstreichen. Damit soll vermutlich gesagt werden, dass Vogelgöttin und Bärgöttin eine einzige Göttin sind.

Mit Freundinnen diskutierte ich diesen Satz. Die Vogelgöttin, also die Geierin, die im alten Europa und in Catal Hüyük eine überragende Rolle spielt, weil sie die Toten im wahrsten Sinn des Wortes wegputzt und so die Voraussetzung schafft, dass ihre Knochen gefahrlos unter der Feuerstelle im Haus begraben werden können, gilt als Todesgöttin. Die Bärin, die ihre Jungen liebevoll aufzieht und eine furchterregende Mutter sein kann, gilt als Göttin des Lebens. Bis in die Mythen des Alpenlandes hat sich die Bärmutter gehalten, die auch symbolisch für die Gebärmutter steht. Wenn also Vogelgöttin und Bärgöttin eine Göttin sind, heißt das: Leben und Tod gehören zusammen. Sind untrennbar. Das Leben ist nur aus dem Tod wirklich erklärbar und der Tod nur aus dem Leben.

Wenn solche Worte auf Spinnwirteln geritzt wurden, hat auch das Spinnen eine Bedeutung. Viele Sprachbilder führen auf spinnen und weben zurück: den Faden verlieren oder aufgreifen zum Beispiel oder etwas einflechten.

Text wird zu Testil. Der gesponnene Faden führt uns zum Lebensfaden, der in germanischen Mythen von den Göttinnen Urd, Verdandi und Skuld gesponnen, gemessen und abgeschnitten wird. Er führt uns zur Schöpfungsgöttin der amerikanischen Ureinwohnervölker der Navajo und Hopi – der Spinnenfrau, die mit ihrem Gewebe die Lebensenergie und den Lebensraum der Menschen spinnt.

Ihre schöpferische Tätigkeit ist nicht einseitig. Es braucht auch die Menschen, die Tiere und die Pflanzen, um ihr Gewebe zu fertigen. Geht es ihnen schlecht, gibt es viel Gewalt auf der Welt, dann spinnt die Spinnenfrau ihr Netz ungleichmäßig, es entstehen Lücken und Knoten. Glückliche Energie auf der Erde dagegen lässt sie ihr Netz in vollkommener Schönheit spinnen. Hopi und Navajo grüßen einander „schreite in Schönheit", denn Schönheit bedeutet Harmonie.

Die Bärgöttin der Vinca-Kultur hielt sich bis zum griechischen Artemis-Kult, bei dem es ein Initiationsritual gab, in dem junge Frauen als Bärinnen auftraten. Auch für die Keltinnen spielte die Bärgöttin Artio eine zentrale Rolle als Hüterin des Lebensraums und Beschützerin der Frauen, als Geburtsgöttin.

Mit der griechischen Artemis ist auch das Textilhandwerk verbunden – hier schließt sich der Kreis zu den Spinnwirteln, auf denen unser erster Satz gefunden wurde. Dass Griffen diesen Satz analysieren konnte, verdankt er übrigens der Archäologin Marija Gimbutas, die in unermüdlicher Arbeit den Weg für die wissenschaftliche Analyse der matriarchalen südosteuropäischen Kulturen bereitete.

SPRACHHEIMAT

Meine erste Sprache war Bayrisch. Dass diese Sprache nicht überall gleich gern gehört wird, merkte ich, als ich ins Gymnasium kam. Da war Bayrisch so peinlich wie eine dreckige Unterhose. In den fünfziger Jahren wurden ehemalige Nazis gern in Provinzschulen aufbewahrt. Ich durfte diese Lehrer im Übermaß genießen. Der Biolehrer Mayer zerriss mein Heft, weil ihm der Bandwurm, den ich gezeichnet hatte, nicht schön genug war, dann machte er mich vor der Klasse wegen meiner Sprache fertig. Allerdings war er selbst des Deutschen nicht wirklich mächtig, was mich insgeheim so freute, dass die Erniedrigung an mir vorbeisegelte. Meine Angst vor Mathematik kam daher, dass die Mathelehrerin, wenn ich eine Aufgabe an der Tafel mit „Oiso" (also) begann, mich in die Bank zurückschickte, mir eine Sechs gab und sagte: Wenn du die deutsche Sprache nicht beherrschst, gehörst du nicht an eine höhere Lehranstalt.

Wie meine Schwester diese Hürde meisterte, weiß ich nicht. Sie schaffte jedenfalls das Abitur. Ich floh mit sechzehn nach England und stellte mich den Schrecken einer fremden Sprache und Kultur. Es war eine Zeit in der Hölle, aber danach war Deutschland nur noch irgendein kleines Gebiet auf dem Globus, das mich nicht mehr bedrohte. Ich sprach hervorragend Englisch, hatte das Cambridge Proficiency Exam bestanden, ein Volontariat bei einer Provinzzeitung hinter mir, einen kleinen Artikel über das Bob Dylan-Konzert in der Trade Union Hall in Manchester geschrieben und war erwachsen geworden. Ich war so weit, wirklich Deutsch zu lernen. Ich lernte auch Französisch in Lausanne und Paris. Und Italienisch. Vor allem Italienisch. In Rom.

Auf der Flucht vor einem Mann, den ich gerade verlassen hatte, war ich nach Italien gereist und stellte fest, dass alles in diesem Land meinem Pulsschlag, meinem Rhythmus, dem Gesang meiner Seele entsprach. Tatsächlich werde ich ein anderer Mensch, wenn ich Italienisch spreche. Dasselbe bestätigte mir meine Freundin Margarethe, die jahrelang in Italien gelebt hat und aufblüht, wenn sie Italienisch spricht.

Italienisch ist mehr als eine Sprache. Italienisch ist eigentlich eine Lebensart. Wie Bayrisch. Mag sein, dass wir uns früher für unseren „Dialekt", für unsere Ureinwohnersprache schämten. Heute weiß ich, wie kostbar es ist, eine Muttersprache zu haben, in der du dich ganz zu Hause fühlst. Im Ausland verstecke ich mich, wenn ich Deutsch höre, und blühe auf, wenn ich Bayrisch höre.

Das Bayrische ist in Deutschland nicht sehr beliebt. Nehmen wir zum Beispiel Stoiber. Er spricht derart unbeholfen, dass er sich immer wieder zum Gespött der Leute macht (von seiner Politik soll hier ausnahmsweise nicht die Rede sein). Diese kleine Behinderung verdankt er vermutlich der Tatsache, dass er alles vom Bayrischen ins Hochdeutsche übersetzen muss, was gar nicht immer möglich ist.

Im Deutschen gibt es viele erniedrigende Ausdrücke für Frauen und auch einige für Männer, aber das Bayrische bleibt dabei konkret: Es gibt die „Krampfhena" (Krampfhenne), aber es gibt halt auch den „Grantlhauer" (einen unleidlichen Mann). Will einer frech werden, weist man ihn mit „dua di ned aufmanndln" (versuch nicht männlicher zu sein, als du bist) in seine Grenzen.

In Bayern ist der Mann gern mal ein „guada Lapp" (ein weichherziger Mann), während die Frauen „rass", also scharfzüngig sind. Ich zum Beispiel wurde als „Gwappede" (schlagfertig, hellwach, möglicherweise eine Gewappnete) bezeichnet. Eine „Fotzn" ist nicht das weibliche Geschlecht (was es hochdeutsch mit V bedeutet), sondern eine Ohrfeige, weshalb ich dieses Wort auch so gern habe.

In Bayern muss die Frau nicht die Hose anhaben. Sie hat mit einem Rock dieselbe Autorität, denn bayrische Frauen sind traditionsgemäß in aller Regel die Chefinnen daheim. Mit ihren imposanten Formen – oft haben sie ein breites Kreuz und diese vollen Altstimmen, die beim Gesang so schön klingen – verstecken sie sich eher weniger vor den Männern, die manchmal etwas mickrig ausfallen und vor allem im Alter kaum noch Probleme bereiten, außer dass sie manchmal etwas „unguad", also schlecht gelaunt, oder „wuislad", also wehleidig werden.

Ein „Luada" ist durchaus nicht vergleichbar mit dem hochdeutschen Luder. Des is a Luada! Anerkennung schwingt in dieser Bezeichnung mit. Die setzt sich durch. Die traut sich was.

Je älter ich werde, um so wohler fühle ich mich in der

bayrischen Sprachhängematte und in der Terzenschaukel, fast unvermeidlich im alpenländischen Gesang. Der Kampf der Geschlechter bleibt mir auf Bayrisch oft im Hals stecken.

Stammessprachen haben die Eigenheit, dass sie die Erneuerung der Hochsprache, die dem Fortschritt folgt, nicht mitmachen oder nachvollziehen. So bleiben die Geschäfte in Wolof, der Sprache des Senegal, französische *affaires*, und die Fisimatenten, also Zicken, also faulen Ausreden, kommen aus dem 70er Krieg, als die Franzosen den Ausdruck prägten „visiter ma tante" – für eine Frau besuchen und mit ihr schlafen. Der hochdeutsche Pickel klingt eklig. Du möchtest nichts mit ihm zu tun haben, was eine Antipickel-Creme weidlich ausnützt. Ein bayrisches Wimmerl dagegen trägt schon im Namen die Flüchtigkeit, die Harmlosigkei. Wer will sich darüber groß aufregen!

Allerdings macht Bayrisch manches auch klein und unbedeutend, das größer vielleicht schöner wäre. Die Mundharmonika zum Beispiel, ein interessantes Instrument, wenn es jemand schön spielen kann, wird zum „Fotzenhobel" und enthüllt damit ihre wahre Essenz. Und schön ist im Bayrischen halt auch nur „schee". Nicht mehr ganz so großartig.

Was mich an meiner Ur-Sprache am meisten fasziniert, ist die nie wirklich hart gezogene Grenze zum Mythischen, das in den Sprachen der Alpen notwendigerweise dazugehört. Meine Oma nannte mich Drak, das heißt Drache und ist liebevoll gemeint. Der deutsche Hausdrachen ist dagegen schon massiv und bedrohlich. Dua ned aso umaganggerln! Etwa: Spring nicht umher wie ein Kobold, zeigt, dass sich die bayrische Sprache nie von den Geistern und mythischen Wesen entfernt hat. Dem hat die hochdeutsche Sprache nur das „Herumkaspern" entgegenzusetzen. Und für Ganggerl gibt es keine Tabletten – eine Erleichterung.

Auch das Gefährliche, Tödliche gewinnt noch an liebenswerter Energie. Ein „Gifthaferl", eine giftige, ätzende Person, wird etwas weniger unerträglich durch die Verkleinerung, ein kleiner Gifttopf ist ja nicht wirklich bedrohlich. Etwas massiver wird da schon die „Ziefern", das ist eine Person mit Haaren auf den Zähnen. Dennoch schwingt in dieser Bezeichnung auch Achtung vor soviel Kraft mit.

Der „Lalä" dagegen, der lahme Mann, drückt Kraftlosigkeit aus, andererseits schwappt ihm auch Mitgefühl entgegen. Für Mitgefühl und Mitleid gibt es im Bayrischen keinen Ausdruck. Das mag da sein, benannt wird es jedenfalls nicht. Auch für lieben gibt es eigentlich kein Wort, wie übrigens in fast allen Stammessprachen. Zwar wurde das hochdeutsche Wort verbayrischt, aber es funktioniert nicht wirklich. „Liabn" ist eine neubayrische Konstruktion, die früher mit „i bin dir guad", also ich habe gute Gefühle für dich, ausgedrückt wurde.

So direkt wie im Hochdeutschen gehasst wird, geht das auf Bayrisch auch nicht. „Grant" ist lediglich ein gewisser Unmut. Wirkliche Wut wird mit einem Fluch ausgedrückt. Es wird also nicht davon gesprochen, dass jemand hasst oder Wut hat, sondern ein Wortgewebe gefunden, das dieses Gefühl zum Ausdruck bringt.

Ganz schlimm wäre „Kreizdeifi“, also Kreuzteufel, die Verbindung zweier inkompatibler Kräfte. Meine Oma umschrieb das eher liebevoll mit „Sacklzement“, um nicht Sakrament sagen zu müssen, denn das wäre ja eine Art Sünde gewesen. Der Vollfluch Herrgottsackrament! wurde gern zu Herrgottzare! verkürzt, was Gott gegenüber nicht ganz so schlimm ist.

Auch die Maria muss bei Flüchen herhalten: Bluatsauremare! Blutsauere Maria, zum Beispiel, ist unvermeidlich, wenn sich jemand wirklich ärgert. Dieser Fluch führt interessanterweise die Menstruation in den katholischen Glauben ein.

Spannend ein Ausdruck, der anerkennendes Erstaunen ausdrückt: Deifi Deifi! Also Teufel, Teufel. Da schwingt mit, dass Gott zwar angebetet wird, aber der Teufel doch irgendwie cool ist.

Wie soll das alles in korrektes Hochdeutsch verwandelt werden! Ich bin froh, dass ich endlich Deutsch kann, aber noch glücklicher bin ich, dass ich meine bayrische Sprachheimat nicht verloren habe.

Ich bin mit Sprache befreundet.
Worte springen mir zur Seite,
trösten mich, spielen mit mir
Worte kommen mit Menschen und manchmal auch
wenn Menschen gehen.
Ein Wort fängt meinen Tag an,
eins wird immer wieder
zur Herausforderung,
ein Wort bringt mich zum Lachen,

eins bringt mich zum Schweigen,
ein Wort ruft Gerüche, eins Erinnerung an Freude,
ein Wort verbanne ich, eins rufe ich,
ein Wort schmeckt bitter,
eins schmeckt süß,
eins fährt wie ein Strom durchs Hirn,
eins klebt am Gaumen, will sich nicht bewegen.
Worte fallen und wachsen zu Türmen,
zu Gefängnissen,
und ein Wort ist so zart und machtvoll,
dass es zur Befreiung wird.
Worte vergiften die Nahrung, die wir essen,
und es sind Worte, die Menschen
zu Kampfmaschinen machen.
Worte können die Wogen glätten,
einen Sturm entfachen, Schmerzen lindern.
So machtvoll sind Worte, dass sie die Welt
in Atem und in Zaum halten können.
Worte verschließen, Worte öffnen.
Wo Worte fehlen – köstliche Leere,
Warten, Schrecken, Starre.
Und endlich: das erlösende Wort.

NICHTSSAGEND - SOZUSAGEN

Also gewissermaßen unverbindlich will ich eigentlich sagen, dass Sprache irgendwie schon etwas bewirkt, sie sagt uns sozusagen etwas.

Ich habe mich bemüht, einen Satz mit vielen Worten zu bilden, die alle zusammen nichts sagen. Das scheint die hohe Kunst der Politik zu sein. Sprich ohne Pause, aber sag ja nichts, man könnte dich festlegen. Festnageln. Wir müssen uns bemühen, die Konflikte zu bereinigen, um die Stimmung im Land wieder umzuschwenken. Geht es noch allgemeiner? Doch. Mit Deutschland soll es wieder aufwärts gehen, die Menschen sollen wieder einen Glauben an die Zukunft entwickeln.

Diese Sätze kosten viel Geld, denn die Menschen, die sie aussprechen, gehören zu den gut dotierten Spitzenkräften der Republik. Nichts zu sagen, während geschliffene Sätze den Mund verlassen, ist eine Kunst. Sich mit Floskeln über Erinnerungslücken, Peinlichkeiten, Fehler hinwegzuplaudern, ist erste Hilfe in der Kommunikation.

Rhetorikkurse gedeihen, seit bekannt ist, wie wirkungsvoll die Kunst der nichtssagenden, Zeit füllenden, Menschen in Atem haltenden Rede ist. Frauen können diese Kunst meist nicht und tun sich auch schwer, sie zu lernen. Wir glauben, Sprache soll das transportieren, was wir fühlen, was wir unbedingt sagen wollen. Und damit laufen wir ins offene Messer. Denn während wir unser Innerstes nach außen kehren, nach den besten Worten suchen, um zu beschreiben, was gerade in uns vorgeht, werden wir zugeschwallt mit Worten, die wahre Empfindungen verdecken und uns sagen wollen: Du liegst falsch mit deinen Worten, deinen Gefühlen und Ansprüchen.

Würden wir uns von den Wertungen entfernen und bei den Worten bleiben, also unser Gegenüber beim Wort nehmen, dann bräuchten wir sicher nicht ein halbes Leben, um zu entdecken, wo wir verarscht, betrogen, an der langen Leine gehalten, am ausgestreckten Arm ausgehungert werden. Wir warten immer noch auf die erlösenden Worte, wenn nur Worte kommen, die eine Deckung sind für Wahrheiten darunter. Manchmal sind die Wahrheiten so mächtig, dass die Worte unter dem Druck zittern und beben. Viele Frauen finden dann schnell eine Erklärung für die Not des Gegenübers, weil genaues Hinhören radikale Veränderung bedeuten würde.

Am Anfang unserer Ehe, erzählt mir eine Frau, war mein Mann jeden Abend fort. Ich muss arbeiten, sagte er. Dieses „ich muss arbeiten" wurde für mich zur Formel für „ich will nicht bei dir sein". Tatsächlich hatte er eine Freundin, als die ihn verließ, war er dann jeden Abend da. Damals hatte ich angefangen, an der Volkshochschule Kurse zu belegen. Es gab da einen jungen Mann, mit dem ich mich gut verstand. Nun sagte also ich zu ihm, heute abend ist Volkshochschule, dabei hatte ich längst aufgehört, in den Englischkurs zu gehen, ich war immer bei Ronald zu Hause.

In der Zeitung suche ich die Sätze und Worte heraus,

die nur geschrieben werden, um etwas anderes nicht zu sagen. Wenn Müntefering sagt, die Arbeitszeit müsse verlängert werden, dann meint er das nicht im Ernst. Ein einigermaßen nichtssagender Maskensatz überdeckt die Wirklichkeit, die geahnt, aber von Politikern nie ausgesprochen wird: Wir haben nicht mehr genug Geld für die Renten. Wenn wir die Arbeitszeit verlängern, fallen viele in Frührente, weil sie nicht mehr können, weil sie krank und verbraucht sind oder weil sie lange genug gearbeitet und einfach keine Lust mehr haben. Sie können natürlich früher in Rente gehen. Wir kürzen die Bezüge. Schon haben der Staat und die Arbeitgeber ein Problem weniger und die einzelnen Rentner eins mehr. Nur: Der Staat besteht aus Menschen. Geht es vielen schlecht, geht es auch dem Staat schlecht. Auch die flottesten Worte können schließlich nicht verdecken, dass das eine Tatsache, eine unabänderliche Wahrheit ist.

Das Wort Lohnanpassung ist auch so ein harmloses, auf der Oberfläche dahingleitendes Wort, das in Wirklichkeit Angst und Schrecken auslöst, weil es nichts anderes bedeutet als Kürzung des Einkommens, also Armut.

Was all diese Worte zudecken: Wir befinden uns in einem Existenzkampf, der zwar von Beschwichtigungen begleitet wird, aber überall bereits seine Spuren zeigt. Zuerst natürlich in den ausgebeuteten Ländern, die elegant „dritte Welt“ heißen, eine dritte Welt hat nicht soviel Anspruch auf Ressourcen wie eine erste, das ist ja klar.

Während die Sprache der Herrschenden abwiegelt, Grenzen steckt, Verantwortung mit den Umständen, die man nicht ändern könne, abwirft, gibt es eine andere

Sprache, die sich Gehör verschafft. Sie kommt aus arabischen, aus afrikanischen Ländern und wird uns noch auf eine Weise beschäftigen, die die Grenzen des diplomatischen Gelabers aufzeigen wird. Mit Worten werden Menschen aufgebracht, Worte radikalisieren sie, Worte steuern Massen in die gewünschte Richtung.

Den arroganten Äußerungen westlicher Politiker setzen Muslime einen Satz entgegen, der alle zittern lässt: Der Prophet wurde beleidigt. Zwar lösten Bilder die Beleidigung aus, doch die Hunderttausende aufgebrachter Muslime haben diese Bilder nie gesehen. Sie haben nur gehört: Der Prophet wurde beleidigt. Das reicht für einen Aufstand. Gibt es einen Satz, der bei uns Hunderttausende auf die Straße brächte? Da hilft kein Rhetorikkurs, kein Beschwichtigen. Nichts holt den Satz zurück. Einmal ausgesprochen gärt der Inhalt in den Hirnen der Menschen, brodelt, kocht. Die manchmal nur schemenhaft erkannte Ungerechtigkeit, das Leid, die Ausbeutung bündeln sich in einem Satz.

Und da wird im Westen „Meinungsfreiheit" angemahnt. Sie gilt nicht, wenn du sagen willst, ein Politiker sei korrupt, eine Firma verbrecherisch. Sie gilt nur, wo es den Mächtigen gerade passt. Meinungsfreiheit! Pressefreiheit! Schöne Worte. Die Wahrheit ist doch, dass gedruckt wird, was die Anzeigenkunden wollen, weil es ohne Anzeigen, ohne Werbung kaum noch Presse oder Medien gibt. Also: Schwafeln für den Profit. Nichtssagende Worte lernen, damit die vielsagenden keinen Erdrutsch auslösen.

SAGEN, WAS IST

Einigkeit und Recht und Freiheit
für das deutsche Mutterland,
danach lasst uns alle streben
schwesterlich mit Herz und Hand.
Einigkeit und Recht und Freiheit
sind des Glückes Unterpfand.
Blüh im Glanze dieses Glückes,
Blühe, deutsches Mutterland.

„Wir haben angefangen zu vergessen, wie richtige Brüste aussehen", sagt der Modedesigner John Ford in einem Interview und beklagt, dass alle Frauen aufgespritzte Lippen, wächserne dünne Körper, überdimensionale Augen und keine Persönlichkeit mehr hätten. Ich wiederum kenne nur eine Frau, die einen künstlichen Busen hat, das heißt, wenn wir anfangen zu sagen, was ist, geben wir auch preis, wo wir stehen und was unsere Lebensprioritäten sind.

Sagen, was ist, wird die Welt verändern, sagte Hannah Arendt. Aber es ist schwer geworden zu sagen, was ist, denn dafür gibt es, wo Frauen betroffen sind, weniger Akzeptanz als je zuvor. „Billiger als Frau Schmidt von der Buchhaltung", wirbt eine Mobiltelefonfirma, und kein Aufschrei geht durchs deutsche Volk. Frauen wehren sich nicht, diejenigen, die dieser Frauenfeindlichkeit am meisten ausgesetzt sind, haben damit zu tun, ihr Mittagessen wieder auszukotzen, um billig genug auszusehen. Die Aufbruchstimmung der anderen ist vorsichtigem Abwägen gewichen. Stoße ich jemanden vor den Kopf? Kann ich angegriffen, ausgelacht, ausgegrenzt werden?

Vor zehn Jahren verdienten Frauen knapp 20 Prozent weniger als Männer. Heute hat Deutschland zwar eine Kanzlerin, aber Frauen verdienen mittlerweile im Schnitt wieder 23 Prozent weniger als Männer. Das Büro, in dem die ausgemusterten Minister und der ehemalige Kanzler Schröder in Berlin ihre Zeit totschlagen, wird „Kanzleramt" genannt, das andere sei ja jetzt das Kanzlerinnenamt. Um nicht von triefendem Hohn getroffen zu werden, bestätigen Frauen im voraus, wie blöd sie Feministinnen finden, und beeilen sich, sich all das wieder anzueignen, was ihre Mütter im Eifer der ersten Feminismuswelle dramatisch abgeworfen haben.

Die Wiedereingliederung der Frauen ins Patriarchat läuft über die Sprachregelung, das haben die Herrschenden aus Tschernobyl gelernt. Wer die Sprache beherrscht, beherrscht die Menschen. Sprachliche Unsicherheit zieht Machtverlust nach sich. Wer sich in der Welt der totalen Medienpräsenz nicht ausdrücken kann, wird ausgedrückt. Bis zur vollkommenen Leere.

Was passiert sprachlich mit den Frauen?

Nehmen wir die weibliche Form. In Italien oder Frankreich höre ich seltener, dass Weibliches männlich benannt wird, dafür gibt's ja die unterschiedlichen Artikel: „der" für männlich, „die" für weiblich. Wir haben zusätzlich noch

„das" für sächlich/neutral. Das männliche und das sächliche Geschlecht werden auch korrekt benannt, und der weibliche Artikel taucht immer auf, wenn es um weibliche sächliche Dinge geht: die Kanne, die Tasse, die Mauer usw. Kein Mensch würde da „der" sagen.

Aber dann passiert etwas Seltsames. Eine Frau bewirbt sich um einen Job und schreibt von sich, sie sei Journalist. Eine Yogalehrerin sagt zu den Übenden, ausnahmslos Frauen: Jeder nimmt sich jetzt einen Gurt. Mahnst du aber an, dass hier nur Frauen sitzen und dass es folglich „jede" heißen muss, schauen dich alle an wie ein Furzkissen.

Wozu musst du dich darüber aufregen? Ich rege mich nicht auf, ich korrigiere eine Unverträglichkeit. Wenn jemand zu mir Beate sagte, würde ich das auch korrigieren. Ich heiße Luisa. Manche Korrekturen sind erlaubt, andere nicht. Fragt eine Frau einen Mann: Sind Sie die Kaminkehrerin? wird er das auf jeden Fall korrigieren oder eine blöde kleine Bemerkung machen, ohne dass die Frau darüber lächelt. Im Gegenteil, gelächelt wird über die Frau, die den armen Mann zur Frau gemacht hat. Dr. Braun kommt aus dem Damenklo. Was ist passiert?

In Deutschland sehnen viele, Frauen wie Männer, den Augenblick herbei, in dem Deutschland Fußballweltmeister ist. Dann sind *wir* Weltmeister. Praktisch unbemerkt von der Öffentlichkeit ist Deutschland schon lange Weltmeisterin. Das sagt aber niemand. Das würde Deutschland irgendwie kleiner machen. Und schon gar niemand sagt: *Wir* sind Weltmeisterin. Dabei sind die hervorragenden Fußballspielerinnen der – hm, eben, es heißt noch immer Nationalmannschaft – also des Nationalteams Weltmeisterinnen, Prinz ist Sportlerin des Jahres – nein, ich bestehe nicht darauf, sie Prinzessin zu nennen. Prinz ist ein Eigenname: Birgit Prinz.

Eine Veranstaltung der Aidshilfe in Augsburg, zu der ich als Rednerin geladen war, wurde so angekündigt: „Diva, Zicke, Blaustrumpf" – lauter Begriffe, die das Weibliche bewerten, also abwerten, ironisieren, zur Diskussion stellen. Ich verstehe zwar, dass die Veranstalterinnen zeigen wollten, in welchem Rahmen sich Frauen in der öffentlichen Meinung bewegen, aber während der Veranstaltung wurde es insofern nicht besser, als Rednerinnen es für einen großen Schritt nach vorn hielten, wenn Frauen Kondome bei sich hätten, um sich schützen zu können, falls es zu einer „Nahkampfsituation" käme.

Der einzige wirkliche Fortschritt wäre es, wenn Männer endlich Verantwortung für ihr Sperma übernähmen, nein, nicht ihren Samen, auch das ist eine sprachliche Unkorrektheit, denn der Same ist das Ei, das Sperma ritzt dieses nur an. Da werden die Frauen von der Wissenschaft feministisch überholt, sozusagen, denn was Frauen sich nicht zu sagen trauen, weil sie ja als hysterische Feministinnen gelten könnten, äußern Wissenschaftler schon lange und tun es mittlerweile auch: Beim Klonen wird einfach das Ei angeritzt. Theoretisch braucht es zur Befruchtung kein Sperma. Das haben die Feministinnen immer gesagt, aber weil es ein Sakrileg ist – wofür wären Männer dann da? –, darf es nur als radikale Entgleisung gelten.

In vielen Ländern wird am 8. März der internationale Frauentag gefeiert. In Deutschland gibt es dann z.B. in der taz eine Frauenseite, alle Zeitungen greifen irgendwie Frauenthemen auf, für einige Journalistinnen ist dies der einzige Zeitpunkt, an dem sie überhaupt noch etwas schreiben können, denn Zeitungen und Zeitschriften sind dazu übergegangen, ihre Geschichten samt Fotos aus dem Internet zusammenzuklauen. Allerdings findet sich nicht soviel zu „Frauenthemen“ – das Wort allein klingt schon wie Hausfrauensymposium.

In den letzten Jahren gibt es eine kuriose Entwicklung: Selbst die politischen und wirtschaftlichen Beiträge in bürgerlichen Zeitungen sind feministischer als das Allgemeinwissen und die Gespräche unter Frauen. Es scheint, dass Frauen sich mit der Opfersituation derart identifizieren, dass sie sogar die Täter zu verherrlichen anfangen.

Es hat zwar immer Frauen gegeben, die Massenmörder im Knast heiraten, aber in letzter Zeit fangen intelligente Frauen an, den Gemütszustand von Kindermördern, Frauenmördern, gar Kannibalen hin und her abzuwägen. Die armen Kerle. In der Gewalt rabiater Mütter entgleist! Richter, Gerichtspsychologen, Gefängnisdirektoren, Polizisten machen es vor: im Zweifel für den Angeklagten. Gern. Aber warum gilt das nicht für die Frau, die ihren gewalttätigen Mann nicht mehr ertragen hat? Für die Mutter, die ihre Schulden nicht bezahlen kann?

Sexualverbrechen sind ein grauer Bereich, in dem die Fantasie mancher Männer spazierengeht. Das merkt man am Erfolg entsprechender Fernsehfilme. Wer sich durchs deutsche Fernsehen zappt, entdeckt die wahren Leidenschaften der Männer und vermutlich die wahren Leiden der Frauen. Da wird geschossen, gewürgt, gestochen, gedemütigt, gefesselt, erniedrigt, gequält. Männer schreien wimmernde Frauen, manchmal auch Kinder oder schwache Männer an. Im deutschen Fernsehen ist die Welt für den Mann noch in Ordnung. Er wird nur ganz selten mit Frauenfilmen belästigt, über die sich dann vor allem Frauen lauthals lustig machen. Unkommentiert setzen sich neue Bezeichnungen für Frauen durch und ziehen sich von Disco zu Bar zu Revolverblatt zu Yellowpress: Barluder, Tresenluder, Boxenluder. Lässt sich eine nicht alles gefallen und wehrt sich (zum Beispiel Katja Riemann), ist sie eine Zicke. Zickenalarm – Lieblingswort von Frauen, die zeigen wollen, dass sie ganz und gar nicht so sind. Die sich im Winter die Nieren schockgefrieren lassen und ihre durch den Nabel gezogenen Piercings auch bei zwanzig Grad unter Null eventuell interessierten Männerblicken darbieten.

Dabei steht diese Eilfertigkeit, diese modische und sprachliche Unterwerfung unter das patriarchale Dogma im krassen Gegensatz zur gelebten Praxis junger Frauen. Sie benennen, was in ihren Beziehungen nicht stimmt, sie wehren sich, lehnen sich viel schneller auf als Frauen noch in den fünfziger Jahren. Sie haben natürlich ein paar Möglichkeiten mehr, aus einer tödlichen Beziehung auszubrechen. Aber gerade das scheint sie zu irritieren.

Sie wollen nicht „so eine“ sein, wie es eine Fünfundzwanzigjährige formulierte. Was für eine denn? fragte ich zurück. Naja, eine, die es nicht schafft mit einem Mann.

So versessen sind Frauen darauf, mit ihren Männern zu kommunizieren, dass sie sogar zu diesen berüchtigten im wahrsten Wortsinn „letzten“ Aussprachen pilgern, um sich dort umbringen zu lassen. Beziehungsdiskussion – das rote Tuch für den Mann, die ewige Sehnsucht der Frau?

Frauen werden überschüttet mit Ratschlägen: Was gefällt ihm? Wie mache ich ihn an? Was mag er nicht? Wie verwöhnt „man" ihn am besten? Und so weiter. Selten einmal dreht eine Frauenzeitschrift den Spieß um und gibt den Ball zurück an die faulen Männer. Es ist auch nicht ganz einfach. Denn sprachlich haben die Männer verstanden, worum es geht. Anstatt die Verantwortung für ihr Handeln zu übernehmen, werfen sie den Frauen hin: Früher warst du viel weiblicher. Du hast viel mehr gelacht. Triffst du dich wieder mit deinen Frauenrechtlerinnen? Du Emanze.

Trifft sich die Frau mit einem Freund, heißt es schon mal: Du Nutte, schläfst du jetzt auch mit dem? Zieht sie sich mit einem großen Sweatshirt, einer bequemen Unterhose und einer Tasse Kakao zurück, wird sie zum Muttchen oder zur Omi. Was immer sie macht, es ist wie bei Hase und Igel. Der diffamierende Begriff ist schon da. Die Beleidigungen, die Frauen in ihrem Leben hören, liegen wie Streubomben auf ihrem Weg. Es ist unmöglich, ihnen auszuweichen, und sehr schwer, sie zu entschärfen.

Die Frau, die mit Männern Sport macht oder in die Berge geht, muss aufpassen, dass sie nicht zur Zimperliese, zur Heulsuse, zur Zicke mutiert, wenn ihr etwas zuviel wird, also ist sie härter als jeder Mann. Ist die vielleicht lesbisch? wird dann gemutmaßt. Frustrierte Kuh, frigide Ziege, Nutte und Hure fliegen einer Frau schnell an den Kopf, während es für Männer so eine Beleidigung praktisch nicht gibt. Ich habe noch nicht gehört, dass eine

Frau ihren Mann oder Freund „du Zuhälter" nennt, außer er ist einer. Junge Männer fangen schon in der Schule an, junge Frauen Nutte und Hure, Schlampe und Fotze zu rufen. Fragt man sie, ob sie Nutte definieren können, sagen sie doch tatsächlich: eine Frau, die sich sexy anzieht. Dabei erwarten sie von einer Frau, dass sie sexy aussieht, sonst ist sie out. Früher nannte man sie Blaustrumpf.

Trennt sich eine Frau von ihrem Mann und rennt nicht gleich nur mit dem, was sie am Leib trägt, davon, ohne sich um finanzielle Absicherung zu kümmern, ist sie für andere Frauen, die sie halb bewundern und halb fürchten, ein „raffgieriges Luder", das den „armen Mann ruiniert". Wie kann man nur so geldgeil sein! Ich habe mich aus einem anderen Grund auf die minimalistische Weise getrennt: Wo der Mann nichts investiert, hat er auch nichts zu sagen. Mir war diese Nichteinmischung mehr wert als das bisschen Geld, das eine nach einer Scheidung bekommen kann.

Karriere sollte eine Frau auch nicht machen, andere Frauen schaudern in der Ahnung, dass es noch etwas geben könnte jenseits der Glorifizierung eines Mannes, mit dem eine nicht glücklich ist, und nennen solche Frauen dann Karrieristin, Aufsteigerin. Hat so eine ein Kind, ist sie natürlich eine Rabenmutter. Auch das Irrenhaus wird gelegentlich bemüht.

Wagt sich ein Mann in riskante Lebensumstände, ist er ein Abenteurer. Tut das eine Frau, ist sie zwielichtig, eine „schillernde Persönlichkeit" – ein Attribut, das ich auch schon zusammen mit meinem Namen in der Zeitung lesen durfte. Tut eine Frau das, was sie will, ist sie die „Exotin". Die Fantasien der Männer schweifen in Richtung Mata Hari. Denn kann eine Frau ihr Ding machen, ohne ein bisschen kriminell zu sein?!

Wie mächtig das sprachliche Korsett für Frauen ist, kann jede Frau selbst analysieren: Du nimmst eine Tageszeitung, sagen wir die „Süddeutsche" oder sonst ein Blatt deiner Wahl und durchsuchst sie unter dem Aspekt: Wie oft werden Männer genannt, in welchem Zusammenhang? Wie oft Frauen, in welchem Zusammenhang?

Du wirst erstaunt feststellen, dass Frauen und Kinder vor allem als Opfer von Männern auftauchen. Wenn sie Politikerinnen sind, werden ihnen gern unprofessionelle Handlungen unterstellt, macht man sich über ihr Äußeres (Angela Merkel), ihr Gewicht (Renate Schmidt), ihren Schmuck oder ihre Hüte (Heide Simonis) lustig. Auch hören wir schnell mal, dass eine durchgevögelt gehört, wohl lange nicht gefickt wurde, frustriert und frigide ist.

Frauen werden sprachlich als Gebrauchsgegenstände eingestuft. Sind sie nicht zu gebrauchen, sind sie keine richtigen Frauen. Das klingt krass, aber „zu gebrauchen" heißt eben auch „beziehungsfähig". Eine Frau, die nicht beziehungsfähig ist, hat Therapiebedarf. Sie wird zur Gefahr für andere Frauen, vor allem, wenn sie gern allein ist. Im Fahrwasser der Paare ist sie eine ständige Beunruhigung.

Deutschland wird meistens männlich benannt. Die männliche Form ist in der deutschen Sprache die Regel. Das Weibliche ist das augenzwinkernde, verächtliche, das extra formulierte Besondere. Darin kann eine sich verfangen, darüber kann eine sich aufregen, sie kann sich anpassen und betonen, wie unwichtig es ihr ist, ob da Teilnehmer oder Teilnehmerin steht, ob sie Vertragsnehmerin oder Vertragsnehmer ist. In Deutschland wird eine Frau tausendmal am Tag daran erinnert, dass es nicht normal ist, Frau zu sein und weiblich benannt zu werden. Das hat Folgen. Wo kein Selbstbewusstsein ist, geschieht auch keine Veränderung.

Dieses Selbstbewusstsein wird Tag für Tag zerlegt. Zur Zeit fast widerstandslos. Da hängen dann Frauen an den Lippen eines „Kräuterpapstes" aus dem Allgäu, der sagt: „Artemisia haben schon die alten Griechen bei Menstruationsproblemen verwendet." Mit den Menstruationsproblemen der alten Griechen ist es wie mit denen der Patienten. „Wenn ein Patient starke Menstruationsbeschwerden hat", hörte ich neulich in einer Gesundheitssendung einen Arzt sagen. Der zweite Teil des Satzes müsste eigentlich heißen: Dann stehen wir vor einem medizinischen Wunder.

Sagen, was ist! Wer sagt's?

MACHTWORT

In den fünfziger Jahren, als ich Kind war, gab es in unserer Nachbarschaft noch den Satz: „Der Papa spricht ein Machtwort." In meiner Familie gab es keine Machtworte, nicht dass meine Oma oder meine Mutter nicht versucht hätten, eins zu sprechen, aber mangels Lust an der Macht fielen die Worte relativ schnell wieder in sich zusammen.

Der autoritäre Führungsstil arbeitet, in der Familie wie in der Firma, mit Machtworten. Der Boss sagt, was gemacht wird, und es wird gemacht. Jedenfalls wird so getan. Der sich ständig erneuernde, wabernde Untergrund unterhalb der Machtworte findet Lücken, Möglichkeiten, Parallelwelten, in denen andere Worte gelten. Auf ein Machtwort folgt notwendigerweise die Lüge. Denn wer den Befehl nicht ausführen kann oder will, muss sich eine sprachliche Umleitung ausdenken.

Das ist die Überraschung hinter den Machtworten: Sie werden elegant umgangen. Je enger der Spielraum, um so fantasievoller das Ausweichen. Eine Freundin meiner Tochter durfte abends selten auf ein Fest oder zu einer Einladung gehen, obwohl sie schon ein Teenager war. Die strenge Regel, also das Machtwort, lautete: Abends gehören Kinder ins Bett – mit dem Ergebnis, dass das Mädchen aus dem Fenster stieg, sich unglaublichen Gefahren aussetzte und im allergrößten Notfall mich anrief, dass ich sie irgendwo abholen sollte. Wer einem Machtwort nicht nach allen Seiten etwas Luft lässt, kann darauf verzichten, es auszusprechen, weil es sowieso nicht eingehalten wird.

Durchgang verboten, steht an einem Stück Rasen an einem bayerischen Bahnhof. Das Schild hätten sich die Behörden sparen können – der Weg über den Rasen ist der kürzeste vom Bahnhof zum Parkplatz. Niemand geht den Umweg über den Gehsteig. Sogar im Winter bei hohem Schnee wird der Pfad von Hunderten Eiligen durchgesetzt. Urinieren verboten, steht in Afrika an Hauswänden. Die Wände, gelbbraun gefärbt und stark riechend, sind allen Verboten zum Trotz die beliebtesten Männerklos. Fast scheint es, als ob ein Verbot erst die Möglichkeit zur Überschreitung öffnet. Plakate ankleben verboten – wer hat noch nicht die Wände, Zäune und Baustellenabgrenzungen gesehen, an denen nicht nur diese Warnung, sondern auch unzählige Plakate zu sehen sind. Privat! Ist fast eine Aufforderung: Ah, hübsch, da gehen wir mal rein. Dagegen wirken Worte, die Inhalte befördern, meistens erfolgreich. Hochspannung, Lebensgefahr! will niemand ausprobieren. Bissiger Hund! wird auch gern geglaubt und beachtet.

Worte der Macht müssen so gewählt werden, dass sie größtmögliche Wirkung bei minimalem Aufwand erzielen. Wer einen ganzen Begründungsroman formuliert, kann sicher sein, dass kein Mensch das lesen wird, es sei denn, er steht gerade in einer Schlange zufällig direkt vor der Verlautbarung. Und so sind Machtworte an Orten, wo Menschen sich länger aufhalten, wirksamer. Wer schon einmal im Kreisverwaltungsreferat oder im Arbeitsamt, in einem Wartezimmer oder in der Bahn gewartet hat, weiß, wie tief sich Werbeplakate, Ankündigungen, Verlautbarungen einprägen, weil der Blick immer wieder zu ihnen zurückkehren muss, mangels anderer Ablenkung.

Es kommt bei Machtworten nicht nur auf den Ort an, sondern auch auf die Zielgruppe. Wer mit einer Idee, einem Wunsch, einer Forderung ankommen will, muss die Formulierung dort anbringen, wo interessierte, aufnahmefähige, wache Menschen sind. Oder das Anliegen muss so formuliert werden, dass es attraktiv für andere wird. „Hunger im Südsudan" holt nicht einmal mehr die Bibliothekarin einer Stadtbücherei ins Engagement.

Mit dem Wort „Afrika" wurden (sehr geschickt übrigens, machtvoll) Hunger, Elend, Armut, Hoffnungslosigkeit, Beschneidung so oft kombiniert, dass LeserInnen das Stichwort Afrika unter diesen Nebenbegriffen im Hirn führen. Daraus wird: Um Himmels willen, nicht schon wieder Afrika. Dann gibt es Aktivitäten, die den Begriff in einen anderen Zusammenhang holen, das erweckt für kurze Zeit die bereits tote Aufmerksamkeit, das Pendel schlägt zur anderen Seite. Aber die ursprüngliche Einbindung lässt sich nur sehr schwer auflösen.

Einen Begriff mit anderen zu kombinieren, ist eine Form der Macht, die kaum zu brechen ist, weil unser Gehirn assoziativ arbeitet. Zwar kann auch das eigene Gedächtnis so trainiert werden, dass der Begriff, der sich im Gehirn verankern soll, mit anderen Begriffen versehen lebendiger und vor allem emotional eingefärbt wird, denn Gefühl sorgt für Erinnerung.

Wenn ein Mensch einmal mit den Begriffen „Terrorismus“ oder „Drogen“ versehen wurde, wird es schwer, die wieder abzulösen. Ein Reporter, der für den Stern eine Drogengeschichte recherchierte, geriet versehentlich in die Drogenfahndung. Er wurde das Machtwort „Drogen“ nicht mehr los. Vergessen war, dass er darüber einen Artikel schrieb. Überschreitet er die Grenze, eilt ihm das Machtwort voraus, und er bekommt Probleme.

Wer Macht über die Worte hat, hat Macht über die Menschen. Kaum einer verdeutlicht dieses Prinzip besser als Silvio Berlusconi. Er besitzt in Italien fast alle Rundfunk- und Fernsehsender, und die, die er nicht besitzt, kann er manipulieren. Er ist einer der reichsten Menschen auf dem Erdball. Er kaufte sich Worte, um immer mehr Macht zu gewinnen. Und hat am Ende doch verloren.

Ein wirklich mächtiges Wort: unmöglich. Mit diesem Wort werden wir in Schach gehalten, gestutzt, klein gemacht. Du hast eine Vision? Verrückt! Vergiss es. Das hat noch keine geschafft. Unmöglich war es einmal, ohne Sauerstoff auf einen Achttausender zu steigen, ohne Seil eine Wolkenkratzerwand senkrecht hochzugehen, ein paar Kinder aufzuziehen, gleichzeitig eine Firma zu führen und dabei nicht verrückt zu werden. Undenkbar war vor zweihundert Jahren vieles, was heute gähnend langweilig ist: S-Bahn fahren, fliegen, Internet, mobil telefonieren, Fotos digital übermitteln usw.

Da möchte man doch denken, als erstes wäre das Wort unmöglich abgeschafft worden? Fehlanzeige. Unmöglich sind heute andere Dinge, und sie werden mit derselben Überzeugungskraft ausgesprochen. Manche Frauen halten es für unmöglich, ohne einen Mann glücklich zu sein, obwohl sie es nie ausprobiert haben.

Machtworte werden am besten durch Witz und Gelassenheit aufgelöst. Von mir aus können Machtworte weiter ausgesprochen werden. Wichtig ist, ihnen die Macht zu nehmen, indem sie nicht mit Gefühlen gekoppelt werden. Wenn ich mich zurückgewiesen, persönlich beleidigt, entmutigt fühle, kriecht die Macht des Wortes über mich. Wenn ich das Wort aber auf seine Schwachstellen abklopfe und es nicht persönlich nehme, vielleicht sogar zum Ursprung zurückweise, kann es zu einer interessanten Herausforderung werden.

Gerade habe ich ein Telefongespräch mit einem Hotel in Paris hinter mir. Ich sagte: Ich möchte gerne bei Ihnen ein Zimmer für fünfzig Euro haben. Der Rezeptionist sagte: Wir haben aber nur Zimmer für achtzig Euro. Tut mir leid, Madame. Wenn es Ihnen leid tut, sagte ich, dann geben Sie mir doch das Achtzig-Euro-Zimmer für fünfzig Euro. Rabatte sind doch immer möglich. Nicht bei uns, sagte er. Aber letztes Jahr gab es doch auch billigere Zimmer, sagte ich. Einen Moment, sagte er. Musik klang aus dem Hörer. Ich wartete. Er kam zurück. Tut mir leid, sagte er, unmöglich. Kann ich Ihren Chef sprechen, die Person, die über Preise entscheiden kann? fragte ich. Pause. Hallo. Sind Sie noch da? Ja, sagte er. In Ordnung. Sie können das Zimmer für fünfzig Euro haben.

Na also.

Hätte ich mich einschüchtern lassen, vor allem von dem Gefühl, mir das teure Zimmer nicht leisten zu können und damit weniger wert zu sein – und das ist der

Grund, warum viele Menschen überhöhte Preise zahlen –, hätte ich pro Nacht dreißig Euro mehr bezahlt, aber vor allem hätte ich nicht die Erfahrung gemacht, dass nichts unmöglich ist.

Wie wichtig es ist, das Machtwort „unmöglich" zu brechen, haben die großen Firmen erkannt. Just do it, schlägt Nike vor. Nichts ist unmöglich, singt Toyota und verbindet sich so mit der verheißungsvollen Energie des Möglichen im Unmöglichen. Auch eine Art, sich mit der Macht eines Worte zu verbinden.

Wie bedeutsam es ist, ein Wort sprechen zu können, das Zustände wandeln kann, zeigt die Göttin Hekau aus dem afrikanischen Raum. Sie ist die Vorgängerin der griechischen Mutter aller Zauberinnen Hekate. Ihr Name Hekau bedeutet „Worte der Macht".

Am Anfang war das Wort, heißt es im Alten Testament, und das Wort war bei Gott. Wir wissen, dass am Anfang der leere Raum war und aus diesem Atem des Universums noch kein Sterbenswörtchen kam, doch in der Geschichte der Menschen ist das Wort ein Meilenstein.

Vielleicht sollte es besser heißen: Am Anfang vom Ende war das Wort.

SCHLÜSSELWORTE

Ich gehe gebückt auf dem Boden einer Baugrube von einer Seite zur anderen und studiere den Boden. Nach einer Weile spüre ich Blicke auf mir. Der Bauleiter und seine Arbeiter stehen oben neben dem Kran und starren mich an. Ich lächle ihnen zu, steige hinauf zu ihnen. Eisige Stimmung. Was machen Sie denn da? herrscht mich der Bauleiter an. Ich bin Archäologin, sage ich. Wo eine Baugrube ausgehoben wird, schaue ich nach, ob es Brandspuren, Siedlungsspuren in den Erdschichten zu sehen gibt. Die Lage entspannt sich. Aha, sagt ein Arbeiter. Ich erzähle noch ein bisschen davon, wie unsere Frühgeschichte unter Häusern und Straßen verschwindet und wie wenig Möglichkeiten es gibt, ihre Spuren zu finden. Wir trennen uns in Freundschaft. Das Wort Archäologin hat alle anderen verdrängt: Terroristin, Spionin, Schnüfflerin, Verrückte.

Ein Wort, und Entspannung breitet sich aus. Ein Wort, und Stimmung, die hochkocht, beruhigt sich. Wenn an der Haltestelle die Bahn nicht kommt und auch keine Durchsage, werden die Menschen schnell stinksauer. Sagt aber eine heitere Stimme: Leute, wir haben schon wieder eine kleine Verspätung, da kann aber heute die Bahn nichts dafür, schaut euch mal die Schneemassen an, dann lachen die Menschen und freuen sich, dass jemand aus dem Sprachkorsett ausbricht, eigene Worte findet und damit die Stimmung auflockert. Das ist schon erstaunlich, denn warten müssen ja trotzdem alle, aber warten und vorher wahrgenommen werden, ist etwas anderes als warten und verarscht werden.

Schlüsselworte haben die Macht, die in alle Richtungen schweifenden Energien zu bündeln und an einem Punkt zu konzentrieren. Im Positiven wie im Negativen. Meine Mutter erzählt heute noch mit Schaudern, wie sie in einer Gruppe junger Frauen durch München marschieren musste, Richtung Theresienwiese. Was zuerst ein lustiger Ausflug mit Freundinnen schien, wurde mehr und mehr zum Albtraum für sie. Als Hitler vorne das Wort „Krieg" schrie und alle zurückschrien, stahl sie sich aus den Reihen der Freundinnen fort. Das Wort war für sie zusammen mit der aufgeheizten Stimmung unerträglich, während es für die anderen zur Verheißung wurde. Ja, Krieg, siegen. Es geht aufwärts. Krieg wurde zum Schlüsselwort für eine Energie, die im Kriegszustand gar nicht möglich ist, aber immer wieder beschworen wird.

Und es funktioniert immer wieder. Zuletzt in den Vereinigten Staaten, wo der amtierende Präsident Bush stolz sagte: Ich werde den ersten Krieg des neuen Jahrtausends führen. Krieg als Antwort auf Schmerz und Demütigung. Da fragt kaum noch jemand: Gegen wen denn und was soll das bringen? Die Stimmen, die mahnen: Diesen Krieg können wir uns doch gar nicht leisten! werden gewaltsam zum Schweigen gebracht. Es geht nicht um den Zustand Krieg, es geht um den Code, um das, was das Wort in diesem Augenblick scheinbar bedeutet: Stärke zeigen.

Wenn ich nachts in der Stadt meine Mehlspiralen und Kreise ziehe, kommt es schon vor, dass sich jemand an die Stirn tippt. Sage ich: Das ist eine Kunstperformance, dreht sich die Energie. Kunst darf bekanntlich alles. Wenn du Kunst machst, wirst du vielleicht nicht verstanden, aber es schickt dich auch niemand ins Irrenhaus. Die Leute denken an die Bilder von Picasso oder an Beuys' Badewanne in den siebziger Jahren, die von einer Putzfrau geputzt und damit als Kunstwerk zerstört wurde.

Kunst ist merkwürdig, manchmal kaum zu verstehen, Kunst ist gesellschaftlich anerkannt. Kunst darf sein. Wenn ich also Kunst mache, bin ich nicht mehr bedrohlich, denn vielleicht versteht mich zwar gerade niemand, aber es ist ja Kunst. Ich könnte, wie öfter mal ausprobiert, sagen: Es ist Magie. Ich wandle das Energiefeld. Dann geschieht es schon eher, dass die PassantInnen sagen: Die spinnt ja. Wo haben sie die denn ausgelassen. In dieser Situation hilft es nicht nur nichts, die Magie ins Feld zu führen, es würde sogar eher schaden. Magie ist nicht nur keine akzeptierte gesellschaftliche Kraft, sie liegt im Unbewussten der Hirne gekoppelt mit Vernichtung, das heißt, sie kann durchaus zu einem negativen Schlüsselwort werden. Sie kann Angst machen.

In meiner Arbeit geht es deshalb vorwiegend darum, die düsteren, beängstigenden, zerstörerischen Schichten abzulösen, die mit der Magie der weisen Frauen verbacken sind. Und es ist mir und anderen Frauen ja auch gelungen, diese Magie wieder in ein akzeptables Licht zu rücken. Das alles hilft aber nicht in einer kritischen Situation, in der Magie für die Beteiligten auf dem Prüfstand steht. Das zeigt, dass Schlüsselworte eingesetzt werden, wo Diskussionen nicht möglich sind. Ein Schlüsselwort setzt die Ebene fest, auf der weiter verhandelt und vorgegangen wird. Deshalb ist es geradezu fatal, sich auf eine Abfolge von Schlüsselworten festlegen zu lassen. Denn wo diese alles bestimmenden Begriffe eingesetzt werden, ist wenig Raum für genauere Betrachtung, was sie eigentlich transportieren.

Das trifft für Gesundheitsreform genauso zu wie für Lohnanpassung oder Glauben. Gesundheitsreform haben wir kurzerhand mit „schlechtere Versorgung im Krankheitsfall und teurere Behandlungen bzw. Medikamente" gekoppelt, da wird gar nicht mehr nachgefragt, ob es nicht vielleicht sinnvoll ist, all die Medikamente nicht mehr zu kaufen und zu schlucken, die nur die Pharmaindustrie gesund machen. Lohnanpassung, ein Schlüsselwort für den Verlust von Privilegien, wird auch nicht mehr darauf überprüft, wie weit eine Wirtschaft eigentlich wachsen kann. Glauben, das Wort, das Ratzinger in die Massen wirft wie keiner vor ihm, beinhaltet einfach: Halt den Mund und mach, was ich dir sage. Zum Glauben gehört Gehorsam. Dabei hat die Kirche ja schön festgelegt, wohin die Energie geht, ohne dass sich jemand darüber Sorgen machen würde: Ich bin der Hirte, ihr seid die Schafe. Basta.

Schlüsselworte, Reizworte bestimmen die Artikel in den Zeitungen. Wenn du nichts anzubieten hast, was die Reizworte bedient, kannst du auch nicht für Zeitungen und Zeitschriften arbeiten. Im Zusammenhang mit meiner gesellschaftlich tatsächlich schwer zu definierenden

Arbeit wird immer wieder erwähnt, ich sei die laut „Spiegel“ einzig ernstzunehmende Magierin. Der Spiegel, das Zentralorgan des Schamanismus in Deutschland? Nein. Der Spiegel ist einfach ein angesehenes Blatt, und wenn da drin steht (wie übrigens auch in „Transatlantik“, aber das interessiert komischerweise niemanden), ich sei ernstzunehmen, dann werde ich halt ernstgenommen. Seit Jahren.

Als ich bei meinem letzten Besuch in Paris durch die kleinen Straßen jenseits des Boulevard Barbès spazierenging auf der Suche nach dem feinen Räucherwerk der arabischen Händler, betrat ich einen Laden, in dem sich mehrere Männer aufhielten. Misstrauisch betrachteten sie mich. Salaam Malekum, sagte ich, und die Herzen flogen mir zu. Friede ist immer schön, das sage ich gern. Und der Gruß wird zum Schlüsselwort dafür, dass ich eine Kultur achte und ehre, deren Gesetze ich allerdings nicht befolgen würde.

Auf meinen Reisen durchs Internet könnte ich manchmal schon ungeduldig werden. Für das Reisebüro habe ich, das weiß ich noch genau, ein Codewort gewählt, das ich auf keinen Fall vergessen werde, aber ist es jetzt das gleiche wie für die englische Fluggesellschaft oder das für e-bay, oder ist es das, das mir den Zutritt zu Flickr, der Fotogesellschaft im Internet verschafft? Ich komme mit meinen Codeworten total durcheinander, will aber andererseits nicht für jedes Thema das gleiche nehmen, weil dann Hacker, die auf meine Kosten bestellen oder reisen wollen, gleich alle meine geschäftlichen Verbindungen knacken. Aus diesem Grund mache ich kein Online-banking. Jeder mittelmäßig begabte Informatikstudent käme eher an mein Konto heran als ich selbst. Und wie heißt gleich wieder mein Codewort für Genios, die Profi-Datenbank, bei der weltweit Artikel aus Zeitungen und Zeitschriften heruntergeladen werden können? Sich in der Internetwelt zu verlieren, ist schon fast so verwirrend und anstrengend wie sich zu verwandeln und das Zauberwort nicht mehr zu kennen. Mutabor war es! Aber es durfte nicht gelacht werden während der Verwandlung. Töpfchen koch! Das würde kein Mensch vergessen. Töpfchen steh! eigentlich auch nicht.

Interessant ist beim Vergessen der Zauberworte, dass etwas Unvermeidliches eine Rolle spielt: Gefühl. Angst, Belustigung, Panik, Starre – weg ist das Wort. Lachen – schon ist das Wort vergessen. Das beschreibt etwas ganz Wichtiges in der magischen Verwandlung. Sie lässt sich nicht mit Gefühlen, mit Sentimentalität, Trauer, Angst bewirken. Wer sich magisch auflöst und neu definiert, wer magische Helferwesen oder Zauberdinge in Anspruch nimmt, muss einen kühlen Kopf und eine klare Sprache bewahren.

Sesam öffne dich – das kann schon vergessen, wer in einer Höhle gefangen ist. Wer kennt nicht die Spielchen des Hirns, du hast ein Wort, einen Namen vergessen und näherst dich nun von allen möglichen Seiten, Assoziationen tauchen auf, aber nicht der Name und nicht das Wort. Eine Frisur erscheint vor dem inneren Auge, eine Jacke, der Wohnort, sogar die Hausnummer, aber nicht der Name der Person. Erst wenn du das ganze Thema fallenlassen kannst, wenn du nicht mehr krampfhaft nachdenkst, wirft dir das Hirn plötzlich und unerwartet den Namen aus.

Ein schönes Bild für die Art, wie Magie funktioniert. Nichts lässt sich da erzwingen, mit Gewalt herbeizaubern. Du gibst es ein, schreibst auf, worum es geht, und dann lässt du es los. Einmal benannt, geht das magische Wort seinen Weg. Das setzt sich beim modernen Menschen nicht so leicht durch. Niemand hat Zeit. Sofort soll alles gehen. Am liebsten gestern noch. Und so wie ein Liftknopf nicht einmal, sondern mehrmals gedrückt wird, obwohl das die Ankunft des Lifts erwiesenermaßen eher behindert als befördert, so wird auch das magische Wort überstrapaziert, aufgeschrieben, wieder ausgepackt, nachgehakt.

Wahre Schlüsselworte, einmal ausgesprochen oder aufgeschrieben, entfalten ihre Macht unaufhaltsam. Ein guter Grund, sie nicht sinnlos zu äußern, sondern sorgsam mit ihnen zu wirtschaften.

Wer in München abgeschleppt wird und nach langem Suchen und einer teuren Taxifahrt in einen Vorort endlich sein Auto wiederfindet, tut gut daran, zuerst den kleinen Katalog zu studieren, der an der Abholungsstelle aushängt. Die teuerste Beleidigung, vermutlich weil sie so oft vorkommt und eine städtische Dienststelle in die Nähe verbrecherischer Traditionen rückt, ist „Raubritter". Auch das Benennen von Körperteilen unterhalb der Gürtellinie reißt ein echtes Loch in die Haushaltskasse. Das Schlüsselwort wird zur explosiven Essenz.

Wer etwas benannt hat, das sich mit der herrschenden Definition der Welt nicht vereinbaren lässt, läuft Gefahr sein Leben zu verlieren. Heute sind das Rebellen gegen die Führer der „islamischen Revolution“ im Iran genauso wie Gefangene der USA in Guantanamo. Im Mittelalter machte es der Kirche Sorgen, dass Galileo Galilei behauptete, die Erde drehe sich um die Sonne. Auch Giordano Bruno, der diese Erkenntnis mit massiver Kritik an der Kirche verband, stieß der Kirche auf. Er wurde als Ketzer verbrannt und bis heute nicht rehabilitiert, während Galilei, der widerrief, vor nicht allzu langer Zeit amnestiert wurde. Ein Wort kann Wirklichkeit erzeugen, zerstören, wandeln und doch den Lauf der Welt nicht ändern. Ein Schlüsselwort verschafft Einlass, aber ob dieser schließlich von Vorteil oder von Nachteil ist, darüber gibt das Schlüsselwort keine Auskunft.

Sammle Worte, die Türen öffnen, die Wirklichkeit verändern, dich befreien können. Und lass die Worte fallen, die dir nur Energie rauben. Hör auf, Worte zu wiederholen, die dich tiefer in Abhängigkeit und Kummer ziehen. Und verweigere dich Worten, die dich in zerstörerische Wirklichkeiten einbinden.

LÜGEN WIE GEDRUCKT

Etwas Gesagtes ist nicht so bindend und nicht so endgültig wie etwas Gedrucktes. „Denn was man schwarz auf weiß besitzt, kann man getrost nach Hause tragen“, sagt der Schüler in Goethes „Faust“, der so treu wie blöd darauf vertraut, dass das Geschriebene das Wahre ist.

Wer kennt nicht die Verträge, die in großer Schrift Großes versprechen, so dass das Geld wie von selbst aus dem Geldbeutel hüpft, damit das verlockende Angebot nicht vorbeizieht. Wer kümmert sich um das Kleingedruckte, das auch mit dicken Brillengläsern kaum zu lesen ist und die meisten Versprechungen wieder zurücknimmt? Zwar räumen Gesetze den KäuferInnen Rechte ein, dennoch gilt: Wer unterschreibt, muss sich informieren.

Kaufen Sie ein Mobiltelefon für null Euro! Wieso kaufen? Null ist null, da gibt's nichts zu kaufen. O doch. Jede Menge sogar. Einmal gekauft und eine Zeitlang mit null genossen, fängt nun das kleine Miststück an, das Geld aus der Tasche zu ziehen mit einem Nebensatz, so unauffällig, dass man ihn wie Fliegendreck kaum bemerkte: befristetes Angebot. Frist abgelaufen. Jetzt kommen ein paar flotte Zahlen vor die Null. Ungezählte Jugendliche sind auf diese Weise in ihre erste Verschuldung geraten.

Gerade habe ich mir den Film „Syriana“ angesehen

und mich irgendwie gelangweilt. Es ist ein guter Film mit ehrbaren Inhalten. Aber mir kam alles so bekannt vor. Weil es mittlerweile zur Allgemeinbildung gehört, dass die jeweiligen Regierungen der USA, unerheblich ob die des geliebten Kennedy, des smarten Clinton oder des frommen Bush, lügen wie gedruckt, egal ob es um die Weltpolitik, die Vormachtstellung der USA, Ölvorkommen oder Terrorismus geht.

An amerikanischen Regierungserklärungen kann schön auch die Sprachregelung abgelesen werden, die nach der einfachen Maxime funktioniert: Haltet den Dieb! Wir werden vor Atombomben gewarnt, die abwechselnd Pakistan, Nordkorea, Indien oder der Iran bauen und werfen wollen. Das klingt bedrohlich, aber geworfen hat die Atombombe bisher nur eine Nation: die USA. In jedem Land wollen die USA herumschnüffeln, ob es vielleicht Labors für chemische Waffen gibt – Amerika hat sie. Hatte sogar seinen Anthrax-Skandal. Was ist daraus geworden? Nichts. Weil nicht mehr berichtet wurde, wurde vergessen. Wo keine Worte sind, gibt es auch keine Wirklichkeit. Dabei wären Rechtsradikale, die aus geheimen Labors tödliches Gift entwenden, ein bedenkenswertes Szenario.

Überall auf der Welt gibt es Forschungsstationen, die sich mit Viren und deren Mutationen beschäftigen, das schreibt gelegentlich in harmlosem Zusammenhang zum Beispiel die Süddeutsche auf ihrer Wissenschaftsseite, die natürlich weder reißerisch Gefahren heraufbeschwört noch Bedrohungen formuliert. Die logische Folgerung wäre doch, dass es hier auch mal zu Nachlässigkeiten, zu kleinen Unfällen kommt. Davon kein Wort. Falls einmal ein Wissenschaftler mit einem kleinen Virus das Labor verlassen hat – wir werden es nie erfahren. Und wenn es Worte gibt, dann sind es bestimmt gedruckte Lügen: „Zu keiner Zeit bestand eine Gefahr für die Bevölkerung." Vor jedem Krieg wird ein Konflikt heraufbeschworen, ausgeschmückt, bedrohlich aufgebauscht, damit die Welt sich fürchten soll und froh ist, wenn Amerika eingreift. So kam es zum Golfkrieg I und II. Zum Krieg gegen Afghanistan, zum Krieg gegen den Irak.

Wie ein Netz werden uns die Worte über den Kopf geworfen, wir werden eingefangen, zappeln in Panik, und wenn wir auch das infame Manöver erkennen, gefangen sind wir doch. Mit der digitalen Technologie und dem Internet sind Nachrichten, Fotos, Tatsachen mittlerweile so leicht zu fälschen, dass die Fälschung keine Spuren hinterlässt. Jede Wirklichkeit ist belegbar, jede Deutung der Welt lässt sich in Bildern und Filmen belegen, mit geschickten Worten beweisen. Lügen wie gedruckt kann heute auch heißen: Lügen wie gemailt, lügen wie digital bearbeitet.

Damit entsteht allerdings auch ein ungeahntes schöpferisches Potential. Wenn alle Möglichkeiten darstellbar und diskutierbar sind, haben es die Herrschenden schwerer, ihre Version durchzusetzen. Im Internet finden sich Worte für jede Situation, jeden Zustand, jede denkbare Version der Geschichte. Wem glauben? Mein Lieblingsprinzip war schon immer: Ich vertraue allen. Das heißt, ich traue allen alles zu. Das heißt auch aufzuhören, sich eine Darstellung der Ereignisse aufschwatzen zu lassen, ohne nachzufragen, nachzuforschen, nachzudenken.

Wenn ich all die tollen Angebote der tollen Firmen sehe, denke ich: Warum bieten die ihre superbilligen Produkte nicht den Menschen an, die wirklich kein Geld haben? Warum verschenken sie ihre Produkte nicht in der dritten Welt? Ist doch klar: Weil sie nichts zu verschenken haben und weil es natürlich nur darum geht, störrischen Sparern endlich das Geld abzuringen, das die irgendwo horten, weil sie der Industrie und den Regierungen nicht mehr trauen.

Mit Worten eingelullt, umspielt, umschmeichelt, umschwärmt, aufgewiegelt, angespitzt, provoziert, aufgehetzt, enttäuscht, niedergedrückt, gelähmt, entmutigt und geschwächt kämpfen wir uns durch den Alltag. Um Himmels Willen – da wurde eine Frau gequält, da eine getötet, da eine vergewaltigt. Hier ein Kind entführt, dort ein Pferd massakriert, da gibt es schon wieder einen Aufstand, dort Krieg! Werfen die jetzt die Atombombe? Haben es die Terroristen auf uns abgesehen? Sind sie schon unter uns?

Atemlos gehalten und zugleich in den Zwangsalltag eingebunden, mal gelähmt, mal aufgebracht, auf Knopfdruck in Häme, Angst, Schrecken oder Schadenfreude geschleudert, verbringen die meisten Menschen ihr Leben damit, zu reagieren und die Wucht der Erniedrigung und Beängstigung durch die kleinen Freuden des Alltags aufzufangen. Lügen wie gedruckt. Und wenn alles gelogen ist? Wenn die überall beschriebenen Feinde in Wirklichkeit Freunde sind? Wenn es nur darum geht, das Fußvolk zu beschäftigen, damit es nicht auf andere Gedanken kommt?

Wer sich mit gedruckten Lügen beschäftigen will, tut gut daran zu erforschen, wer was gedruckt hat und warum. Das würde auch dem alten journalistischen Prinzip entsprechen, das heute so selten noch benutzt wird: Wer? Was? Wann? Wie? Wo? Warum? Dieses Prinzip bedingt gründliche Recherche.

Das Gute daran ist, dass wir genauer werden müssen. Die Veröffentlichungen danach abklopfen, wer was wann wo wie gesagt oder getan hat und warum. Vielleicht erfahren wir nie, wie es wirklich war, und vielleicht spielt das auch keine Rolle. Wahrzunehmen, was ist, und zu wagen, das auszusprechen, bleibt das Wesentliche. Auch wenn es sich mit keiner gängigen Meinung und keinem Trend deckt.

WORTGEWALT

Der arme Verwirrte, der das Wort B-o-m-b-e in den Mund nahm und sogleich von US-amerikanischen Skymarshalls erschossen wurde, wird nicht mehr gemerkt haben, wie mächtig Worte sein können, noch weniger konnte er genießen, dass er wirklich das Wort gefunden hatte, das mit kleinstmöglichem Energieaufwand die größtmögliche Wirkung provozierte.

Auch die Chefin der Cafeteria im Bundestag durfte diese Erfahrung machen. Als sie bei der Ankunft in Amerika zum zigsten Mal durchsucht und abgetastet worden war, sagte sie zur Zollbeamtin so etwas wie: Glauben Sie wirklich, dass ich in meiner Innentasche eine Bombe mit mir trage? Sie wurde verhaftet und, nur weil sie mit einer Delegation des Bundestages unterwegs war und höhere Stellen sich für sie einsetzten, nach drei Wochen wieder freigelassen.

Man darf Bomben bauen, legal oder illegal verkaufen und kaufen, lagern, hin- und herfahren, ihre Reichweite ausprobieren, Testabwürfe machen. Aber das Wort darf niemand in den Mund nehmen. Es wird sprachlich und faktisch grundsätzlich den Feinden zugeworfen. Die Bombe – das sind die anderen. Der Terror – die anderen.

Ausgerechnet die USA bezichtigen alle Welt des Terrorismus, der illegalen Chemiewaffenproduktion, des

Plans, Atombomben zu bauen. Der Vorwand, das mächtigste aller Worte derzeit: Terrorismus. Mit diesem Begriff lässt sich alles erklären, alles durchziehen, lassen sich Gesetze ändern, Angriffskriege führen, Menschen ohne Rechtsgrundlage gefangenhalten. Foltern.

In der S-Bahn hörte ich einmal mit wachsender Unruhe einem streitenden Paar zu. Er schrie sie an, wieder mal habe sie nichts gecheckt, sie sei zu blöd, um Einkaufen zu gehen, und ihm reiche es jetzt.

Da mischte ich mich ein. Bitte schreien Sie die Frau nicht so an, zumal Sie Ihren Konflikt so ohnehin nicht lösen werden.

Die Frau drehte sich um und keifte mich an: Halt du dich da raus, du blöde Kuh.

Tapfer sagte ich: Beleidigende Worte sind eine Form von Gewalt, das musst du dir nicht gefallen lassen.

Fertig, Frau Heilsarmee? fragte er ätzend.

Ich nickte. Verblüffend war, dass die beiden sich nun intensiv, leiser und durchaus einig über mich unterhielten. Ich war zufrieden. Die Atmosphäre hatte sich verändert. Von mir aus konnten sie ruhig über mich herziehen, ich stieg sowieso an der nächsten Haltestelle aus.

Ich wollte nichts heilen, nur die Stimmung drehen und vor allem: sagen, was ist.

Wort-Gewalt ist uns so geläufig, dass sie schon gar nicht mehr auffällt. Der Rapper Eminem kurbelte den Verkauf seiner Scheiben damit an, dass er Vergewaltigungs- und Mordfantasien zum Beispiel über seine Frau, die er gerade zum zweiten Mal geheiratet hat, zum Besten gab, bejubelt von den Fans, auch von Frauen natürlich. Frauen scheinen nicht zu merken, wenn sie den eigenen Untergang einleiten und sogar noch beklatschen, bevor sie zu Matsch getreten werden.

Die Gewalt in Rap-Nummern mag nur ein verbales Phänomen sein, Tatsache ist, dass diese Worte mit Bildern illustriert in Musik-Clips über alle möglichen Musiksender das uralte neue Bild verbreiten, das Frauen wieder auf Linie trimmen soll: Die knackarschige sexy Kleiderpuppe stellt sich, ihren Hintern, ihre Titten den Lüsten des Stärkeren, also des Gangleaders – des Führers könnte ich hier spaßeshalber mal sagen – zur Verfügung.

Frauen unterwerfen sich der Gewalt von Männern, weil sie dann die Verantwortung abgeben können, offenbar befriedigt, vom starken Mann unterworfen worden zu sein. Er hat es getan, er hat es von mir verlangt. Von Hitler bis Dutroux, vom arbeitslosen Säufer bis zum Topmanager: Er befiehlt, wir folgen? Er spricht das Machtwort, wir gehorchen?

Da müssen wir schon ein paar Jahre im eigenen Leben zurückgehen, dorthin, wo alles im Dunkeln, im Stummen, im Vor-Bewussten liegt. Du darfst es niemandem sagen. Das ist unser Geheimnis. Das darf niemand erfahren. Du hast nichts zu wollen. Du Trampel! Du kannst nichts richtig machen. Alles machst du kaputt. Sei ein liebes Mädchen!

Wer sich heute unterwirft, wer nicht erträgt, dass diese Unterwerfung ausgesprochen wird, wer die Tür zuwirft, die andere aufmachen wollen, ist dieser Wortgewalt, dieser Gewalt ausgesetzt gewesen. Natürlich ist es nicht nur die Gewalt der Worte, die diese Unterwerfung unter das

Recht des Stärkeren, des Alphamännchens bewirkt. Es ist die Gewalt, die diesen Worten stets gefolgt ist.

Die Gewalt von Frauen spielte sich stets im Vorzimmer der männlichen Gesetze und Bedürfnisse ab. Frauen, die Männern unterworfen, untergeschoben wurden, neigen dazu, diese nagende Nicht-Erinnerung aufzugreifen und die Botschaft weiterzugeben: Unterwirf dich dem Machtwort, sonst wird dir sehr weh getan. Nicht mehr realisierend, dass gerade die Unterwerfung sehr weh tut, so weh, dass jede Erinnerung daran mit Aggression und Wut ausgeblendet wird.

Die Gewalt von Worten ist nicht abstrakt. Worte werden gezielt eingesetzt – sie sollen den Atemfluss stocken lassen, die neuronalen Anlegestellen im Hirn mit Panikhormonen überschütten und blockieren und eine zeitweise Lähmung des ganzen Organismus bewirken.

Du Trottel. Du Versager. Du Memme. Du schlaffe Alte. Du frustrierte Kuh. Du bist ja hysterisch. Frigide.

Enttäuschung, Wut, Angst wallen auf. Das Wort löst eine Folge von Assoziationen aus, gegen die du dich nur wehren kannst, wenn du es genauso gelernt hast wie körperliche Abwehr, Verteidigung, Geschmeidigkeit.

Das Telefon läutet. Auf der anderen Seite sagt eine sanfte Männerstimme: Ich möchte dich aufschlitzen.

Einer Freundin ist das passiert. Damals gab es noch keine Nummernerkennung auf dem Display. Sie geriet in Panik.

Eine englische Telefonfirma warb für die ersten Nummern-Display-Telefone mit folgendem Spot: Ein Mann stöhnt ins Telefon. Ich will dich. Zieh dich aus, ich will dir ganz nah sein. Die Frau sagt seine Nummer und fragt: nah genug?

Was der Spot enthüllt, ist die Befreiung aus der Angststarre durch Wissen, Witz und Wehrhaftigkeit.

WUNDER WIRKEN, WUNDEN SCHLAGEN

Sie haben gewonnen! steht auf einem bunten Zettel, der in meinem Briefkasten, in allen Briefkästen liegt. Alle wollen gewinnen. Wer will schon verlieren? Also, was haben wir denn alle gewonnen? Das Wunder „Sie haben gewonnen!“ wird bei näherem Hinsehen zu Schwerarbeit, verbunden mit finanziellem Engagement. Wenn du dies und das tust, wenn du jetzt sofort anrufst, wenn du das oder das bestellst... ja, was dann? Dann kannst du die Butterfahrt gewinnen, bei der du einen Teddy als Schlüsselanhänger geschenkt bekommst, zehn Stunden mit hoffnungsfrohen alten Menschen zusammengepfercht zu einer Halle gefahren wirst, wo irgendwelche Ganoven zu astronomischen Preisen ihren Sperrmüll anbieten und du am Ende eine monatliche Ratenzahlung von 150 Euro mit nach Hause nimmst. Also: Schluss mit dem Wunder.

Die Industrie weiß um die Verletzbarkeit von Menschen, um die Wunden, die ihnen geschlagen wurden, nicht selten mit Wunderwörtern, also werden andere Wörter nachgeschoben, die Wunder simulieren sollen, damit das Herz aufgeht, dieses unzuverlässige, unkorrekte, verblödete Organ, das auf jeden Schmus reinfällt. Die Hoffnung stirbt zuletzt! Mit diesem Code lassen sich Menschen immer wieder auf die haarsträubendsten Experimente ein.

Lindern Sie Not. Helfen Sie armen Kindern in Asien. Worte, die nicht fehlgehen können, Codeworte: arm, Kinder, Not, lindern, helfen, Asien. Wer sammelt das Geld ein? Wohin geht es? Egal. Arme Kinder. Niemand ist so verkommen zu sagen: Arme Kinder sind mir egal. Also müssen arme Kinder her, wenn geschlossene Geldbeutel geöffnet werden sollen.

Das Wunder der Liebe! Vor allem Frauen hoffen auf dieses Wunder. Allein das Wort! Aaah! Muss Liebe schön sein! Also hinein in den Tränensee der Frauen. Weil sie auf die Worte des Alltags, die Worte des Traummanns nicht so genau achten bis zur Scheidung, wo dann jedes Wort auf die Goldwaage gelegt wird, fallen sie auch auf jede Versprechung, auf jedes Gurren und Balzen herein.

Du bist die Frau meiner Träume – wie viele Schnulzensänger haben das schon in mehr oder weniger genau diesen Worten hingesungen! Wie viele Frauen fühlen sich davon unmittelbar angesprochen! Kaufen Liebesromane, die ihnen bestätigen: Es gibt eine Wirklichkeit, in der Wunder wahr werden, in der Männer nicht faule, schnarchende Langweiler sind, sondern aufmerksame, liebevolle, zärtliche Partner.

Und während so viele Frauen lesen und sich hineinträumen in die Welt der Pilchers und Steels und Danellas, an den Lippen von Hansi Hinterseer oder Vicky Leandros hängen, essen die Traummänner den Kühlschrank leer und schmeißen ihre dreckigen Socken auf den Boden: Waschen!

Nina Hagen hat das ja sehr genau besungen, aber wer hört ihr noch zu? „Während du vor Glück stöhnst, frisst er dir den Kühlschrank leer." Wunder werden zu Wunden, während sich die Frau noch im Schmalz wälzt, ein paar Tränen vergießt und gar nicht versteht, wie ihr Leben plötzlich zur Hölle werden konnte.

Gar nicht zynisch sage ich das. Ich werde eben sehr oft mit den geplatzten Wundern konfrontiert und weiß, dass es nichts schadet, sich die Worte genauer anzusehen und die Handlungen damit abzugleichen. Wortgetreu die Wortgewandtheit zerlegen und die Wahrheit dahinter herausfiltern – das ist eine schöne, abenteuerliche Beschäftigung, bei der eine viel übers Leben lernen kann. Um so zauberhafter, wenn das Wunder des Wortes dem Wunder der Wirklichkeit begegnet!

Eine Frau ging zu Bert Hellinger, dem ehemaligen Missionar und heutigen Psycho-Experimentator, um ihre Familie „aufstellen" zu lassen. Seine Lebensgefährtin fuhr den Zeigefinger aus und sprach: Dieses Kind ist verloren. Welches Wort soll diese Wunde heilen?

Es gibt welche: Blödsinn, Schmarrn, Quatsch. Halt den Mund! ist auch nicht schlecht. Aber Worte, die Wunden reißen, haben im Gepäck, dass du sie nicht entschärfen darfst, weil du sonst „zu" oder „faul", „unbewusst" oder „schwach" und sowieso nicht wirklich veränderungsfreudig bist.

Ein echtes Wunderwort ist „therapieresistent" – auf zu neuen Freiheiten. Muss ich mich therapieren lassen? Muss ich etwas kapieren? Muss ich mich verändern? Solange die Welt strotzt vor Killern, Faulpelzen, Ausbeutern, Kinderschändern, Schlägern, sehe ich keinen Handlungsbedarf, mir ein schlechtes Gewissen zu machen, wenn ich faul und wenig sozial bin, wenig brillant durch den Alltag trödele und ein paar Probleme habe. Diese Art Gelassenheit den disziplinierenden Formeln gegenüber vermisse ich oft bei Frauen.

Beziehungsunfähig – was wie eine Wunde klingt, kann in Wirklichkeit das große Wunder, die Entlassung in die Freiheit werden. Diese Art von Ziehen und Zerren will ich nicht. Ja, ich bin beziehungsunfähig, und jetzt lasst mich in Ruhe, ich habe Wichtigeres zu tun.

Meine beste Freundin hatte Krebs. Die Wunden, die ihr unter anderem mit Worten geschlagen worden waren, hatten sich zu körperlichen Wunden ausgewachsen, und jedem Versuch von meiner Seite, das Wunder wahr zu machen, begegnete sie mit verletzter Hoffnungslosigkeit: Das wirkt bei mir nicht. Das kann ich nicht. Ich bin nicht so stark wie du. Dahinter steckte: Ich bin nichts, ich kann nichts, wozu also sollte ich leben? Oft gehört, angenommen, umgesetzt.

Die Ärztin sagte: Wenn nach dieser Chemotherapie der Wert sinkt, dann haben Sie eine gute Chance. Ich sagte: Ich kann dir helfen, den Wert zu senken, wenn du willst. Sie wollte. Der Wert sank. Dann sagte ein befreundeter Arzt: Das bedeutet gar nichts. Ende des Zaubers – eine andere Wortmagie. Meine Freundin kapitulierte vor den Machtworten des Fachmanns. Ich will nicht behaupten, dass sie ohne diese Machtworte überlebt hätte, sie bedeuteten aber sichtbar, spürbar eine Wende ihres Zustands – knapp drei Monate später war sie tot.

Worte öffnen Fenster in Welten, die wir vorher vielleicht nicht gesehen haben. Worte, die Wunden schlagen, zeigen die Bandbreite der Verletzungsmöglichkeit. Worte, die Wunder wirken, benennen den Abwehrzauber, den Anrufungszauber. Der ist so stark wie die Person, die ihn ausspricht. Denn alles ist im Wandel, also kann alles gewandelt werden.

Oder wie die Österreicher sagen: Nix is fix.

MANTRA

Das heilige Wort fällt aus den Sternen, sammelt sich im Hirn, breitet sich im Mund aus, entströmt ihm mit sanfter Macht, verflüchtigt sich mit der Luft, verbreitet Glückseligkeit und berührt mit seiner Energie jedes Wesen.

Im Sanskrit wird so ein Wort Mantra genannt. Mehr als ein Wort ist es ein Programm, eine Sammlung von Kraft. Schön, wenn es ein schönes Wort ist. Grausam, wenn es nicht vom Himmel fällt, sondern aus einem hasserfüllten Körperuniversum. Unerträglich, wenn es wie eine Art Fluch aus den Medien springt.

Mantren werden überall eingesetzt. Eher selten murmelt in unserem Kulturkreis jemand: Om mani padme hum. Öfter ist zu hören: Früher war alles besser. Oder billiger. Ein beliebtes Mantra ist: Euro, Teuro. Ob das nun stimmt oder nicht, Hauptsache es wird ausgesprochen. Der Reim macht dieses Mantra noch mächtiger, denn Reime (siehe Seite 117) verhelfen einem Mantra, einem Zauberspruch zu mehr Nachdruck, mehr Kraft.

Mantren haben in unseren Breiten etwas mit unseren Überzeugungen, unseren Ängsten oder Befürchtungen zu tun, in Indien werden mit ihnen göttliche Kräfte gerufen. Mantren werden zur Heilung, zur Entspannung, zur spirituellen Reinigung, zur geistigen Erbauung gesungen. Das Wort wird zum Auslöser für die erwünschte Energie.

Unsere Worte sind irgendwie langweilig, deshalb flüchten sich viele Erbauungswillige in den Buddhismus oder den Hinduismus, wo es von Mantren nur so wimmelt. Dumm ist nur, dass niemand weiß, was sie bedeuten. Da singen ahnungslose Yogapraktizierende, die bloß ein bisschen fitter werden wollen, Hymnen an indische Götter. Unzufriedene Menschen in der Krise der Lebensmitte, um mal diesen schönen deutschen Ausdruck zu benutzen, singen in buddhistischen Zentren Mantren, mit denen die Zeit, der Tod und die Loslösung von irdischen Bedürfnissen beschworen werden.

Vor der Unterwerfung unter festgelegte Mantren wäre es ganz schön, die eigenen Worte und Mantren anzuhören, um zu sehen, wohin die eigene Energie fließt und welche Strömungen da eigentlich beschworen werden.

Einige Beispiele:

Morgens bin ich unfähig zu denken.

Ohne Kaffee kann ich gar nichts machen.

Ich brauche als erstes in der Früh einen Kaffee und eine Zigarette.

Die Leute sind alle so schlecht drauf.

Es geht bergab mit Deutschland.

Männer sind unzuverlässig.

Ich finde nie einen Job.

Eine Frau über vierzig nimmt doch keiner.

Fleisch ist ungesund.

Von Milchprodukten bekommt man Allergien.

Man kann niemandem mehr trauen.

Nächstes Jahr geht die Welt unter.

Ich bin immer so müde.

Ich kann nicht einschlafen.

Ich schlafe überhaupt nicht.

Morgens wache ich zerschlagen auf.

Vitamine sind gesund.

Quecksilber ist schädlich.

Und so weiter.

Das sind Sätze – Überzeugungen, Mantren, Festschreibungen, Fixierungen –, die ich in meiner Umgebung täglich höre. Es ist wichtig zu benennen, was ist, aber es ist gefährlich, eine Energie, die nicht erwünscht und noch gar nicht da ist, ständig zu rufen, weil das dieser Energie den Weg bereitet. Je öfter ich etwas heraufbeschwöre, um so wahrscheinlicher wird es, dass ich das Beschworene einlasse oder an mich heranziehe. Der Inhalt dieser eingefahrenen Überzeugungen wird oft gsr nicht mehr überprüft. Dabei frage ich mich, warum eine Frau, die auf dem Land so gesund lebte wie meine Freundin, tot ist, während ein Mann, der so ungesund gelebt hat wie Keith Richards, immer noch lebt. Da kann doch mit dem Gerede über Vitamine, Quecksilber oder den kräftezehrenden Lebenswandel irgend etwas nicht stimmen.

Ingrid, eine Frau, die mein Internet-Tagebuch liest, machte mich darauf aufmerksam, dass ich immer wieder „kriege" schreibe. Ich kriege Post, ich kriege Reaktionen auf Bücher. Ob mir aufgefallen sei, dass kriegen etwas mit Krieg, mit Kampf zu tun hat? Ich war überrascht. Obwohl ich sehr auf meine Sprache achte, ist mir dieses Wort, das ich nicht einmal schön finde, immer wieder durchgerutscht. Tatsächlich fing ich an, die Kampfsituationen in meinem Leben genauer anzusehen.

Das Wort „kriegen“ nicht mehr zu verwenden, erinnert mich daran, genauer mit meiner Energie zu werden. Wahrnehmen statt kämpfen. Genau hinhören, hinsehen statt gleich bewerten.

Mein Mantra: Aha!

Die ursprüngliche Macht des Mantras besteht in der Vibration der Vokale, die mit den Konsonanten ein akustisches Geflecht bilden, ein Klanggewebe, das sich über alle Zellen legt, durch die Poren nach außen und durch den Atem wieder ins Körperuniversum strömt.

Um die heilende Wirkung eines Mantras auszuprobieren, kannst du ein Wort wählen, das du liebst, das dir angenehm ist, das eine schöne Energie ruft. Du kannst das Wort singen, rufen, murmeln, flüstern. Es in alle Höhen und Tiefen deines Klang-Körpers steigen und fallen lassen. Es trällern und dramatisch singen, es in schnellen Kaskaden und langgezogen formulieren. Schmecke es ab, lass es auf der Zunge zergehen, in den Bauch fallen, mit den Zehen spielen. Singe dein Mantra im Stehen, Sitzen, Liegen, Laufen, Fahrrad fahren. Die Vokale schaffen Raum im Kopf, in der Kehle, im Bauch, im Becken. Sie öffnen das Herz und beruhigen das Hirn. Ein gutes Wort, zur richtigen Zeit ausgesprochen, kann den Lauf der Welt verändern.

In Schönheit schreiten.

Von Schönheit begleitet.

Schönheit verbreitend.

WORTE ZURÜCKNEHMEN

Das hast du jetzt nicht gehört! sagt eine Frau, nachdem sie mir über eine andere Frau eine Tratschgeschichte erzählt hat, die, wenn bekannt würde, wer sie verbreitet hat, ein rechtliches Problem aufwerfen würde. Doch, was in meiner Gegenwart gesagt wurde, habe ich gehört! Kannst du kein Geheimnis bewahren? Wenn du es nicht kannst, warum sollte ich? Ein Wort, das ausgesprochen wurde, kann wie eine Bombe fallen. Die modrige faulige Schicht zerreißen, die seit Jahren oder Jahrzehnten über einer Familie liegt, den Druck von einer Frau nehmen, die sich ausbeuten, unterdrücken, misshandeln lässt. Ein Wort – und alles liegt offen.

Die andere Seite der Worte – der Verrat! Das Geschwätz. Die unbedacht dahingelaberten tödlichen Messerstiche. Eine Frau ärgert sich seit langem über eine Freundin, die erfolgreich ist. Sie findet den einzigen Punkt, mit dem sie sie ärgern kann. Sie will ihr nur ein bisschen weh tun, ihr die eigene Machtlosigkeit, ihre Frustration, ihre Wut, ihr Unvermögen entgegenschleudern. Genaugenommen hält sie diese Freundin für arrogant, angeberisch und blöd.

Sie sagt das Wort. Sie beobachtet die Wirkung noch mit großer Befriedigung. Das saß! Dann bemerkt sie die Macht der Zerstörung. Was hat sie angerichtet? Wie konnte sie das tun? Sie hat mit einem Wort, mit einem Satz vernichtet, was an Vertrauen und Zuneigung da war. Das Gesprochene kann nie mehr ungeschehen gemacht werden.

Ein bekannter Dramatiker verplapperte sich in einer Talkshow und verriet das noch nicht ausgereifte Projekt eines Freundes. Er vergaß das Millionenpublikum, setzte eine alte Freundschaft aufs Spiel. Eine Person, die gern redet, kannst du dazu bringen, Dinge zu sagen, die sie immer für sich behalten wollte.

In Worten kannst du genauso ersticken wie in Wortlosigkeit. Der größte Zungenlöser ist das Schweigen. Schweigen ist ein alter journalistischer Trick, um InterviewpartnerInnen zum Reden zu bringen, die wenigsten Menschen halten Schweigen gut aus. Je länger die Pause, um so drängender das Bedürfnis, sie zu füllen.

Je nachdem auf welcher Seite des Schweigens du bist, wirst du bemerken, dass es anfängt, an dir zu zerren, dass alte Regeln von Gehorsamkeit und Willigkeit an die Oberfläche steigen: Sei brav, tu, was von dir erwartet wird! Auf der anderen Seite des Schweigens entsteht Macht. Wer eine Person ins Schweigen zwingt, kann sie steuern, ihre Emotionen beherrschen.

Diese Taktik ist eine beliebte familiäre Disziplinierungsmaßnahme. In Familien ist unbewusstes Geschwätz manchmal wie eine wohlige Hängematte. Es geht um nichts, du kannst dahinreden, ohne dass dir jemand je wirklich böse ist, du kannst ins Unreine reden, ohne dass eine Vermutung, die du durch Sprechen erst abschmeckst, gleich zementiert werden muss. Schweigen dagegen ist ein Kriegszustand, der Wunden schlägt. Ein Kind auf

Entdeckungsreise – gerade hat es sprechen gelernt. Der Druck der Eltern war enorm. Hoffentlich spricht es endlich. Dann fängt es an zu sprechen. Doch keineswegs freuen sich die Eltern. Sei still, heißt es nun. Red nicht soviel. Psst, der Papa muss arbeiten. Natürlich muss sich das Kind denken: Wozu sollte ich sprechen lernen, wenn ich jetzt schweigen soll? In der Schule ist es ja ähnlich. Kaum entdecken Kinder das Wunder der Worte, werden ihnen diese schon entzogen. Neuerdings mit Psychopharmaka. Hauptsache Ruhe.

Das nicht bedachte Wort kann gefährlich werden, verletzen, Freundschaften zerstören, Gerüchte auslösen, einer Person lange Zeit schaden. Das bewusst eingesetzte Schweigen zerstört die Seele. Viele Frauen erzählen von der Kälte ihrer Kindheit, von der Qual, aus der Kommunikation ausgeschlossen gewesen zu sein. In Westafrika gibt es ein Initiationsritual, bei dem der Initiand aus der Gemeinschaft der Worte und Lieder ins Schweigen verbannt wird, um sich in der Sprachlosigkeit zu behaupten und als erwachsener Mensch zurückzukehren.

Das unbedacht gesprochene Wort schießt wie ein Pfeil auf das Gegenüber zu und dringt schmerzhaft in die Seele. Das erzwungene Schweigen schafft einen Raum, der Energie absaugt, der eine Eigendynamik hat und die betroffene Person aller Initiative beraubt. Im Raum des erzwungenen Schweigens entsteht der Höllenlärm der nicht gesprochenen Worte, der Geheimnisse, die nicht verraten werden dürfen, der Verachtung, des Hasses, der Ablehnung. Eltern, die mit ihren Kindern nicht mehr sprechen, schließen diese aus der Welt der Menschen aus. Sie machen ihnen klar, dass sie es nicht einmal wert sind, eine Erklärung oder ein wütendes Wort zu erhalten. Das Schweigen einem angeblich geliebten Menschen gegenüber ist im Grunde die Feststellung: Du bist nichts wert. Du bist nichts.

Wo es keine Sprache gibt, sondern bloß Stimmen, Gesang, Knurren, Summen, Zwitschern, ist das Schweigen ein Lauschen, ein Hineinfließen in alles, ein Verbindungen Knüpfen. Menschen haben sich die Sprache derart verbissen erobert, dass deren Nichteinsetzen bedrohlich wird. Wenn der Sprachfluss nicht gestört ist, denken wir über die meisten der gesprochenen Worte nicht immer wirklich nach. Es gehört zur Bewältigung des reizüberfluteten Alltags, der mit den neuen Technologien immer dichter wird, dass Reden nicht besonders viel bedeutet.

Wir reden, um Normalität herzustellen, um harmlose Anknüpfungspunkte zu finden, um die Atmosphäre zu entspannen, um Verbindungen herzustellen. Worte fließen wie ein freundlicher oder reißender Strom, der gelegentlich Wirbel erzeugt, wenn das freie Fließen behindert wird. Dann lachen wir über JapanerInnen, die r und l vertauschen, oder über ItalienerInnen, die das Deutsche so drollig aussprechen.

Sprache verbindet Menschen – seit es Sprache gibt. Wo geschwiegen wird, entsteht ein Ausnahmezustand. Manche Menschen machen Schweige-Retreats, Schweigekurse, Seminare, in denen gefastet und geschwiegen wird, um aus dem Gelaber und Gewusel des fremden und des eigenen Geistes auszusteigen. Freiwilliges Einsinken ins Schweigen ist befreiend und lässt einen Blick auf die Flut der Worte zu, die im Kopf entstehen, sich auftürmen, miteinander verschmelzen, zu einem Wirrwarr im Hirn werden, wieder auseinanderfallen. Worte bauen Nester im Kopf und brüten neue Worte aus. Das Schweigen ändert daran nicht viel. Solange wir leben, tauchen Wörter auf und verschwinden. Nachts wirft das Hirn mit Worten um sich, erzeugt daraus Bilder, zerlegt sie wieder, ohne dass wir etwas dazu tun können.

Das Spiel mit Worten ist ein Teil der menschlichen Identität. Ein Schweigeseminar stellt nur das Bewusstsein für diesen Zustand her. Natürliche Stille lässt Worte auf leichtere Art verschwinden. Es geht um nichts, du wanderst vielleicht allein im Gebirge, Worte begleiten dich. Vielleicht sprichst du sogar. Das Gelände wird steiler, schwieriger, die Worte fallen zurück. Jetzt wird der Atem mächtig. Ohne dir Gewalt anzutun, werden die Worte weniger, Glücksgefühle steigen auf, die Bäume wiegen sich, da ruft ein Kuckuck, dort jubeln Alpendohlen. Die Laute der Natur spinnen dich ein, die Worte bleiben im Hintergrund, steigen gelegentlich auf und verklingen wieder. Kein Zwang, keine Anstrengung.

Das Schweigen wird zum schützenden Mantel, zur wohligen zweiten Haut. Nach einer langen Zeit natürlichen Schweigens ist Sprechen, Erzählen, Kommunizieren wie eine neu erprobte Kunst. Jedes Wort wirkt plötzlich wie ein Wunder, nie gesprochene Worte liegen auf der Zunge. Der Formulierungskrampf weicht der Lust am Worte Bilden. Aus der Ruhe, dem stillen Vergnügen entstehen Worte, die wie Blüten in der Luft schweben und die Atmosphäre lächeln lassen.

SCHLAGWORTE

Eines Morgens wachte ich auf und vermisste drei Buchstaben. Ich sage oft zum Spaß, „ich kaufe ein E", wie man es vor Jahren bei einer Fernsehsendung namens Glücksrad tun konnte. Das fand ich schon immer lustig: einen Buchstaben kaufen. Jedenfalls fehlten mir außer E noch B und S. BSE war aus der Presse verschwunden. Warum? Keine Ahnung.

Gerade noch hatte ein Schweizer Wissenschaftler verkündet, die halbe Menschheit würde an BSE bzw. der Kreuzfeldt-Jakob-Krankheit verenden, nun war BSE verschwunden. Falls noch jemand daran stirbt, erfahre ich es nicht, niemand berichtet es mir. Dafür gab es wieder überall AIDS. Ich diskutiere hier nicht den Wahrheitsgehalt, sondern Auftauchen und Verschwinden. AIDS überall. Die Zeitungen voll davon, im Fernsehen Kinder mit großen Augen, klapperdürre Kranke, gelegentlich gibt es sogar milde Kritik an der Pharmaindustrie, weil sie die Medikamente, die sie jahrelang an mittellosen Aidskranken testete, nicht herausrücken will.

Krankheiten werden in der Berichterstattung wie die Schilder benutzt, die bei Talkshows dem Publikum signalisieren, was es tun soll. Woran die Menschen sterben, scheint nicht wirklich zu interessieren. Die Toten werden sortiert. Passen sie nicht unter gerade verkäufliche Schlagworte, fallen sie unerwähnt ins Grab. Zum Beispiel die, die an falscher Medikamentierung oder an Nebenwirkungen von Medikamenten starben.

Dann erschien das Wort Vogelgrippe. Ehrlich gesagt dachte ich zuerst, ein blöder Redakteur habe sich das Wort Vogelgrippe für Aids ausgedacht. Wie sich herausstellte, ist es die Geißel der Menschheit im 21. Jahrhundert. Denn es muss immer etwas geben, das den Leuten die 60 Cent aus der Tasche zieht, die ein Boulevardblatt nun mal kostet.

Dass die bekannte stinknormale Grippe im Jahr Zigtausende das Leben kostet, während der Kassenschlager Vogelgrippe knapp zweihundert Menschenleben forderte, erfährt kaum jemand. Auch die Menschen, die durch übermäßige Einnahme von Tamiflu, einem angeblichen Gegenmittel, starben, treten unbemerkt ab. Dass die Vogelgrippe im ersten Jahr ihres Auftauchens der Firma Roche einen Gewinnzuwachs von 200 % bescherte, hat ebenfalls kaum jemand erfahren.

Die Vogelgrippe hat nun erst einmal den unübersichtlichen Geflügelmarkt Asiens kaltgestellt, dessen Dumpingpreise den europäischen Geflügelvermarktern schon länger Sorgen bereiteten. Wie der Rindermarkt durch die Vernichtung von Millionen Tieren saniert wurde, regelt sich nun auch der Handel mit Hühnern, Gänsen und Enten vortrefflich.

Das Wort Vogelgrippe löst ähnlichen Schrecken aus wie der Begriff BSE – dafür gewöhnen sich alle gern an den eigentlich unerträglichen Anblick brennender Tierkörper. Kein Aufschrei geht durch den Blätterwald, dass hier lebende Tiere verbrannt oder mit Kalk überschüttet und begraben werden. Das verkauft sich nicht so gut. Die Lesegewohnheit der Durchschnittsbevölkerung (auch ein Schlagwort) besteht eher darin, zum Frühstück den Mord an einer Frau zu konsumieren und unbequeme Wahrheiten zu überblättern.

Wettmafia – auch ein schönes Wort, es darf nur nicht überstrapaziert werden. Bald murren die Leute: Ach, immer diese Wettmafia. Gibt's die überhaupt? Das kann ich nicht beantworten, denn ich beziehe meine Informationen aus denselben Quellen wie andere interessierte Menschen. Und Quellen bringen ja immer denselben Strom hervor, der schwer zu analysieren ist.

Überhaupt ist es faszinierend, wie schwer einmal eingerastete Schlagworte zu entkräften sind. Manchmal tauchen erschreckende Informationen auf, denen zu trauen schwerfällt. Zum Beispiel erwähnte ein angesehenes, intelligentes Managermagazin einmal, der vermutliche Drahtzieher der Anschläge auf die Londoner U-Bahn sei ein ehemaliger Mitarbeiter des britischen Geheimdienstes gewesen. Es ist, als reiße der Schleier vor den Worten auf und gebe den Blick auf grausame Wirklichkeiten frei, denen kaum jemand gewachsen ist. Schwamm drüber. Der Film „Syriana" beschäftigt sich mit diesem Thema.

Wer hinter die vorgefertigten „Wahrheiten" schauen will, sollte ab und zu österreichische Nachrichten hören, den „Guardian", „Le Soleil" aus dem Senegal oder „Jungle World" aus Berlin lesen und „Al Dschasira" im Internet besuchen. Das erweitert zumindest das Farbenspektrum einer Meldung.

Listen – ein beliebtes Thema, um die Aufmerksamkeit der LeserInnen zu fesseln. „Auf der Liste der bedrohten Arten“, liest man, schüttelt sorgenvoll den Kopf, blättert weiter. Schwarze Listen, Listenplätze, Nummer eins auf der Liste, welcher auch immer – Listen sind gefragt. Von Bestsellerlisten werden die Bücher gepflückt, übrigens nicht um sie zu lesen. Hauptsache, du kaufst nicht das falsche Buch, das es nicht unter die ersten zehn schaffte. Andrea Mayer von 3sat Kulturzeit formulierte über unliebsame Journalisten auf Zypern den nicht mehr zu übertreffenden Satz: „Sie befinden sich auf der roten Liste der Regierung.“ Früher gab es mal zwischen den USA und der UDSSR ein rotes Telefon. Vermutlich saßen an beiden Enden Staatschefs und lachten sich krank über die blöden Leute, denen man sogar rote Telefone verkaufen kann.

Ein Schlagwort, das, obwohl überstrapaziert, immer Quoten bringt, ist „Wellness“. Nicht müffelnde Feuchtzonen mit Fußpilz und Bakterien tauchen da im Hirn auf, sondern wohlriechende, sanft beleuchtete, edel designte Räume, schön geschwungene Liegen, Gesichtsmasken, Schlammpackungen. Der Schlamm in einem Naturweiher dagegen ist ekelhaft. Da will eine trendige Frau nicht hineinsteigen, obwohl er viel gesünder ist.

Im Wellnessbereich tummelt sich ein weiteres beliebtes Wort: „Schlacken.“ Schlacken gibt es im menschlichen Körper zwar nicht, in den Wellnesszonen der Zeitungen dafür um so öfter. Wahrscheinlich gibt es auch eine Nische für Schlacken im Hirn. Mit den Schlacken, die auf wunderbare Weise abtransportiert werden, verhält es sich, glaube ich, wie mit hörbarem Dreck im Staubsauger. Es gibt ein befriedigendes Gefühl, wenn etwas hörbar verschwindet. Reinheit stellt sich ein.

Was hinter Wellness und Schlacken wirklich steht, interessiert niemanden. Da wird ein hübsches Wortgebäude errichtet, in dem es sich gut hausen lässt. Begleitet von so lieben Wesen wie Vitaminen, Mineralstoffen, Magnesium, Calcium schwebt der Mensch dem Wohlgefühl entgegen.

Da schwimmt der grüne Tee daher, der den Krebs verhindert, dort sorgt der Roibuschtee für Abwehrkräfte. Gesundheitsbewusste sind launisch. Wer ihnen alle Tage Hagebutten anbietet, die keine langen Anfahrtswege brauchen und mehr Vitamin C enthalten als z.B. Roibuschtee, muss mit Missvergnügen und folglich mit Gewinneinbußen rechnen. Allerdings ist im zweiten Jahr der pure Roibuschtee auch nicht mehr der Hit. Jetzt mit Vanillegeschmack! Dass diese Geschmacksaufheller chemische Zusätze mit Wirkungen und Nebenwirkungen sind, interessiert nicht. Hauptsache aaah!

Fasten und schweigen, gibt es denn Edleres? Ich finde schon. Maßvoll essen und miteinander reden zum Beispiel. Mit dem Begriff „Heilstein“ werden neuerdings Steine belegt, die künstlich hergestellt, aufs Übelste geschliffen und lackiert wurden. Der Esoterikerin ist es einerlei. Hauptsache, der Begriff Heilen kommt vor. An den Fäden der Vermarkterstrategien zappelnd kommen die EndverbraucherInnen immer weniger zum Denken, zum kritischen Nachfragen.

Ein Land zwischen Tradition und Moderne! hörte ich im Fernsehen – welches Land, habe ich vergessen, aber die Formel habe ich seither öfter gehört. Eine schöne Formel, nichtssagend und doch so klangvoll lockt sie das Publikum in eine Schein-Seriosität. Tradition lieben die einen. Aber nur die konservativen Traditionsbewahrer will so eine Fernsehanstalt ja auch nicht, also muss die Moderne noch her.

Was ist eigentlich Moderne? Ich denke dabei an Nierentische und Rock 'n' Roll, denn in den vierziger, fünfziger Jahren war „modern" das Schlagwort Nummer eins, das Wort „blond" wurde gerade erfunden – da färbten sich alle die Haare platinblond wie Marilyn.

Blondinen bevorzugt, setzte sich im Hirn von Frauen fest, die Millionäre „angeln" wollten. Andere waren auf der Suche nach dem „Traummann", der sich bis heute in der Fantasie der Frauen gehalten hat, obwohl er auf der Roten Liste der bedrohten Arten ganz oben steht. Ein „Hingucker" ist er allemal, früher hieß das „Blickfänger", für beide gilt, dass sie die Kasse klingeln lassen. Deshalb schauen VerlegerInnen, FernsehproduzentInnen und andere Medienmenschen zwangsläufig auch auf die „Hingucker"-Qualität ihrer Produkte. Fehlt sie, fällt die Quote: Das ist vermutlich eines der brutalsten Schlagworte. Keine Quote, kein Überleben. So abstrakt wie wahr.

Was haben Bono und Peter Gabriel mit der Pharmaindustrie gemeinsam? Alle drei bedienen sich eines Schlagworts, um Erfolg zu haben. Während die Pharmaindustrie ihre Gewinne mit der Vogelgrippe macht, gewinnen die genannten Rocksänger die Herzen vor allem sehr junger Menschen mit „Hunger-Hilfe". Das Wort Hunger löst nicht die besten Assoziationen aus, der Begriff

Hilfe suggeriert: Hier wird Menschlichkeit geübt. Hier kannst du ein gutes Werk tun.

Junge Menschen wollen helfen, ohne auf ihr Vergnügen zu verzichten. Das bieten die Live-Aid-Konzerte. Die Armbänder „make poverty history", die für die acht Konzerte weltweit auf den Markt kamen, wurden eigens für „Band Aid" in China in Billigarbeit hergestellt. Als Bono verkündete, er werde nicht ruhen, bis afrikanischen Ländern die Schulden erlassen würden, schnellten seine Plattenverkäufe in die Höhe. Seine mittelmäßigen Songs erlebten einen unerhörten Boom, die Kasse klingelte, der Schmalzpegel in den Zeitungen erreichte einen neuen Höchststand.

Dass mit „Schuldenerlass" einem Land vielleicht gar kein Gefallen getan wird, weil die korrupte Elite schuldenfrei noch mehr Geld auf ausländische Konten schafft und den eigenen Verwandten noch mehr Reichtum zufließen lässt, während die letzten Reste von Infrastruktur im Land verfallen – mit solchen Nörgeleien will hier niemand behelligt werden.

Ach ja, Hellinger hätte ich beinahe vergessen. Warst du schon zur Familienaufstellung? Wahnsinnig, oder?

Ich hätte da auch etwas anzubieten. Fahr nach Hause und konfrontiere deine Familie mit der Stunde der wahren Empfindungen. Sanft, aber entschlossen. Preiswert, wirklich.

2 DER MAGISCHE UMGANG MIT WORTEN

SPIELE MIT WORTEN

In der Tiefe unserer Archive, im Verborgenen der Traumzeit gibt es Informationen und Impulse, zu denen wir im Alltag keinen Zugang haben. Der reibungslose Ablauf von Arbeit, Privatleben, Freizeitunternehmungen verdrängt dieses Potential. Aber wenn du dein Leben immer wieder neu erfinden, gestalten, wandeln, wenn du im Sinn schöpferischer Magie immer wieder neue Entwürfe und Möglichkeiten aufsteigen lassen willst, dann brauchst du Zugang zu diesen tiefen Potentialen.

Manchmal öffnen sie sich im Schlaf. Dann träumst du vielleicht verrückte, unerklärliche Szenen, die dich nach dem Aufwachen noch lange begleiten und beschäftigen. Die Magie der weisen Frauen kennt viele Möglichkeiten, diese geheimen Räume zu öffnen und zu erkunden, was darin verborgen ist. Imaginationen und Visualisierungen sind eine Möglichkeit, das Spiel mit Worten, Farben und Zahlen eine andere.

Um deinen ur-eigenen Worten und ihren Zusammenhängen auf die Schliche zu kommen, kannst du Worte ausprobieren, hin- und herwerfen, deine Sprache genauer betrachten, und spielerisch aus Worten und Assoziationen dein eigenes Universum von Werten, Witz und Wundern schaffen. Hier sind Anregungen.

Wortpyramide

Nimm ein großes Blatt Papier und lege es quer vor dich hin. Schreibe in die Mitte das Wort, von dem du ausgehen willst. Nehmen wir zum Beispiel

Keller

Unter dieses Wort schreibst du rechts und links je ein Wort, das dir spontan, ohne lange nachzudenken, dazu einfällt. Ich würde jetzt spontan

dunkel *Schlüssel*

sagen, aber jede macht natürlich ihre eigenen Zuordnungen. Unter jedes dieser Worte kommt wieder links und rechts je ein Wort, das zu den Begriffen auftaucht.

Nacht *lauschen* *verlieren* *Tasche*

Dann werden zu diesen Worten wieder je zwei Begriffe assoziiert und rechts und links darunter geschrieben, zum Beispiel schreibe ich

StilleschlafenOhrMusiksuchenwoGeheimnisTaschentuch

Wieder kommen unter jeden dieser Begriffe zwei neue Assoziationen:

Atem Berg Kissen Traum Schmalz Ohrring singen tanzen finden nervös da Frage hüten verraten weinen schneuzen

Und so geht es immer weiter, bis die ganze Breite des Blattes ausgefüllt ist mit Wortassoziationen. Sie bilden einen Berg oder eine Pyramide, du kannst von jedem

Begriff zwei Striche nach unten ziehen, so dass dir hinterher ganz klar ist, zu welchem Begriff du welche neuen Worte gefunden hast.

Das ist einerseits schon sehr interessant zu sehen, welche Worte zu welchen Begriffen spontan auftauchen. Ich verliere mich meistens darin schon stundenlang, von Wort zu Wort reisend, jedes Wort nach seiner Bedeutung, seinem Gefühl abklopfend.

Was bei dieser Wortpyramide fast unvermeidlich ist: Erinnerungen tauchen auf, plötzlich öffnet ein Wort ein Fenster in die Kindheit, in ein schreckliches, schönes, lustiges, peinliches Erlebnis. Die Wortpyramide führt in die Tiefe der eigenen Erinnerung. In die köstlichen Räume der Amyggdala, des uralten Zentrums im Stammhirn, wo Gefühl, Urerinnerung und kollektiv gespeichertes Wissen abrufbar werden. Von der Spitze der Pyramide und des einen Wortes gehst du sozusagen die Kellertreppe hinunter in die Tiefe deines Archivs.

Du kannst noch weiter gehen und aus so vielen Worten wie möglich aus dieser Pyramide einen Satz bilden. Versuch möglichst wenig Füll- oder Verbindungswörter zu benutzen, nur solche, die nötig sind, damit sich überhaupt ein Satz bilden lässt. Und vor allem: Mach nicht einen braven, ordentlichen Satz, sondern kombiniere die Worte ganz spontan ohne Sinn (scheinbar) und ohne lange darüber nachzudenken. Verwende die Worte, die du im ersten Impuls wichtig, schön, wohlklingend, angenehm, närrisch, verführerisch findest.

Der Satz wird vermutlich absurd klingen. Vielleicht musst du darüber lachen. Vielleicht denkst du dir, was soll der Quatsch. Das ist doch Zeitverschwendung. Ist es nicht. Es ist der Einstieg in dein schöpferisches Potential, der Satz wird zum Schlüssel für deine Assoziationsfähigkeit.

Und solche Spiele sind der Beginn wirksamer Magie. Zuerst findest du einfach Worte und bildest spielerisch Sätze, dann merkst du plötzlich, dass Worte auftauchen, die du gar nicht erwartet hast, die wie durch einen Kanal fließen. Damit näherst du dich nicht nur deinem Unbewussten, sondern vielleicht auch deinen magischen Potentialen, anderen Wesen, die sich dir mitteilen.

Automatisches Schreiben

Eine andere Technik, um diese tiefen Potentiale zu entdecken und mit Wesen aus der Traumzeit in Verbindung zu kommen, ist das automatische Schreiben. Diese uralte spirituelle Technik, das Hirn auszuschalten und die Hand dennoch schreiben zu lassen, wird nicht nur in magischen Traditionen verwendet, sondern auch in der Kunst: Auch die Surrealisten nutzten das automatische Schreiben, um an ihre kreativen Potentiale zu gelangen.

Du legst einen Stapel Papier vor dich hin, greifst dir einen Stift, idealerweise ist der Raum nicht zu hell, vielleicht brennt eine Kerze. Du kannst vorher etwas Salbei räuchern, um die Atmosphäre zu reinigen und den Geistern gute Nahrung anzubieten. Dann schließt du die Augen und wartest, den Stift aufs Papier aufgesetzt. Wenn der Impuls zum Schreiben kommt, schreibst du, denk nicht drüber nach, schreib und zieh das Blatt beiseite, wenn du das Gefühl hast, es ist voll.

Ich habe die Erfahrung gemacht, dass ich immer ziemlich genau am Ende des Blattes ein neues nehme, obwohl ich die Augen nicht öffne. Obwohl der Sehsinn ganz zurücktritt, der ja beim Schreiben eigentlich der wichtigste ist, scheine ich anders zu sehen, von innen heraus. Oft weiß ich nicht, was ich schreibe, und bin überrascht, wenn ich den Text lese. Manchmal ist er unleserlich, und es kommt vor, dass Worte übereinander geschrieben sind. Das kann besonders interessant ein.

Wichtig ist beim automatischen Schreiben, das Ganze nicht zu ernst zu nehmen. Es ist keine Doktorarbeit, es ist nicht der Extrakt eines großen Geistes, der sich dir mitteilen will, obwohl das auch möglich sein könnte. Es ist zuallererst der Zugang zu deinem Unbewussten und die Möglichkeit, in abgelegten Sprachschätzen zu stöbern. Und es macht großen Spaß.

Aus deinem Namen neue Worte bilden

Auch das ist eine Reise ins Unbewusste und in die Tiefe deiner Assoziationsfähigkeit. Schreib deinen vollständigen Namen auf ein Blatt Papier und bilde nun so viele Worte wie möglich aus dem Namen. Du kannst nur die Buchstaben verwenden, die drin sind. Beispiel:

Luisa Francia
sacra
ran

Frau
Sau
Luna
Alias
Sul (bretonische Göttin)

Wenn ich das e vermisse, nehme ich meine Taufnamen Luise Alberta, die mein italienischer Ehemann in den siebziger Jahren zu Luisa verkürzte. Schon habe ich

Ball
selber
Leber
lies
leise
usw.

Das Spiel kannst du auch mit anderen Wörtern machen. Nicht nur bringt es verblüffende, komische Wahrheiten hervor, es ist für das Hirn ein wunderbares Training und erzeugt unerschöpfliche neue Impulse, mit denen du auch in anderen Bereichen deines Lebens umgehen kannst. Spiele sind fürs Hirn das Allerwichtigste.

Das Spielerische verbindet Logik und Traumzeit, Organisation und Spiritualität.

Wortgewebe

Um dir selbst auf die Spur zu kommen, kannst du auch ein Bild aus Worten gestalten, das deine innere Heimat beschreibt. Ich zum Beispiel würde das Bild eines Berges wählen und die gefundenen Worte so anordnen, dass Begriffe, die für mich nicht so leicht zu erreichen sind, eher in der Gipfelregion stehen, während die Basis erfüllt ist von wohligen, angenehmen, beschützenden, nährenden Worten. Zum Beispiel so:

Trance

Vollkommene Gelassenheit
über alles lachen können nicht aufgeben

singen im Atem entspannen

Yoga

Neugier Freundschaft mit Frauen rote und gelbe Farbe
tanzen bergsteigen kochen und essen mit anderen
Tagebuch weiche Wolldecke Apfelbaum Mistel Yogitee

Worte, die Kräfte, Eigenschaften oder Dinge beschreiben, die sich mir nähern, aber nicht zu mir gehören, würde ich vielleicht in Form von Wolken anordnen.

Meine innere Heimat sieht wahrscheinlich nicht jeden Tag gleich aus. Wenn ich immer wieder solche Bilder schreibe, sehen sie auch immer wieder anders aus, obwohl sich bestimmte Begriffe wiederholen und irgendwann fester Bestandteil meiner inneren Landkarte werden. So entsteht eine Art Navigationskarte meines Lebens, meiner Kraft, meiner Zugehörigkeiten, meiner Quellen und meiner Nahrung.

Da diese Spiele sehr spontan und ohne Planung ablaufen, gewinne ich mehr und mehr Zugang zu unbewussten Archiven meines Universums, bei denen ich oft das Gefühl habe, dass sie zwar Teil meiner Kraft und meiner inneren Heimat sind, aber dennoch nicht allein von mir eingespeichert wurden.

Wortspiele sind auch mein Weg, mit Geistwesen und Traumzeitimpulsen in Kontakt zu treten. Das Unberechenbare und damit das Beglückende an diesen magischen Spielen ist, dass die Wesen, die Göttinnen, die Helferwesen, die schamanischen Geistwesen auf diese Weise mit dir in Kommunikation treten können, ohne an der Schwelle des Zweifels hängen zu bleiben. Damit will ich nicht sagen, dass Kontakte mit Wesen der anderen Welten eine Glaubensfrage sind, sondern dass das Spielerische den Kanal für so einen Kontakt öffnen kann.

Eigene Worte der Macht finden

Ich habe beschrieben, wie Machtworte das öffentliche Leben, die Meinung der Menschen und ihre Gefühle steuern. Jetzt geht es darum, eigene Machtworte zu finden. Machtworte in dem Sinn, dass diese Worte dir ein Gefühl von Stimmigkeit, von Klarheit und Schönheit geben, dass du, indem du sie aussprichst, in ein Energiefeld kommst, das dich nährt, aufbaut, dir Kraft gibt und dich wie ein schützender Mantel umfängt.

Für mich war lange Zeit so ein Machtwort Alani. Ich weiß nicht, woher es kam, es war plötzlich da. Alani. Es gefiel mir. Ich sprach es aus, ich rief es. Dann sagte eine Frau, es erinnere sie an das österreichische Dialektwort für „allein". Das gefiel mir auch gut. Ich bin eine Alleinige. Ich verbinde mich zwar mit Menschen und bin gern mit FreundInnen zusammen, habe in Haus- und Wohngemeinschaften gewohnt und immer mit vielen Frauen gefeiert, gearbeitet, gespielt. Aber mein Leben wird doch sehr stark vom Mit-mir-allein-Sein, vom Rückzug, vom Spinnen und Träumen geprägt und genährt.

Ich wollte meinen Namen ändern. Ich wollte Alani heißen. Eigentlich wollte ich einen Klan gründen, der Alani heißen sollte, da war ich dreißig. Aber meine Frauenfamilie wollte nicht Alani heißen, meine Schwester sagte: Das klingt wie Salami. Salami wollte ich auch nicht heißen. Ich ließ die Idee fallen, ohne das Wort zu verlieren. Es gefällt mir noch heute, obwohl ich jetzt andere Worte der Macht gefunden habe. Nicht alle spreche ich laut aus. Ich hüte sie wie kostbare Schätze in meinem Inneren. Manchmal singe oder spreche ich sie bei mir zu Hause im Göttinnenzimmer.

Wildfremd war auch einmal so ein Wort. Ich sprach es aus, es wurde mir wieder zugespielt, wir warfen es hin und her, ich fing an, es näher zu untersuchen. Wild und fremd. Ja. Das fühlte sich gut an. Das Wort taugte, um es den banalen Worten der Macht entgegenzuschleudern.

Mit Worten kommen die Energien. Ich kann nicht Mousse au chocolat sagen, ohne den Geschmack zu evozieren. Ich kann nicht „im Namen des Vaters" sagen, ohne den Vater in den Raum zu stellen und dabei ein unangenehmes Gefühl zu verspüren.

Worte transportieren eben Energie und Wirklichkeit. Je intensiver und sinnlicher sie gesprochen, abgeschmeckt, geschleudert, geflüstert werden, um so tiefer greifen sie in die energetischen Prozesse ein. Finde das Wort, das dich beglückt, das einen Raum aus Kraft errichtet, das in Wellen aus dir herausfließt, um deinen Raum von ekelhaften, lästigen, bedrohlichen Worten zu befreien.

In meiner Kindheit gab es zwei ältere Mädchen mit germanischen Namen, ihr Vater war noch in den fünfziger Jahren strammer Nazi, die beiden waren mit dem Gebrauch von Macht vertraut. Eines Tages lauerten sie mir auf, schleppten mich in eine Art Turm einer Brauerei, packten mich an Händen und Füßen und fingen an, mich hin und her zu schaukeln, als wollten sie mich hinunterwerfen. Sie sagten: Wir haben ein Hühnchen mit dir zu rupfen.

Ich wusste nicht, was dieser Ausdruck bedeuten sollte, aber das Hühnchen blieb bei mir hängen. Als sie mich schließlich herunterließen, weil sie genug von mir und dem Spiel hatten, ging das Hühnchen mit mir nach Hause. Meine Beine zitterten, das Hühnchen stärkte mich. Sie hatten es nicht gerupft. Sie hatten mich nicht vom Turm geworfen. Seitdem begleiten mich Hühner.

Das Huhn, das mit mir gerupft werden sollte, bekam schöne neue Federn. Ich rief das Huhn als verbündetes Tier. Ich hütete jahrelang Hühner in der landwirtschaftlichen Hausgemeinschaft, in der ich lebte. Ich fütterte sie, lernte ihre Sprache, gackerte und gurrte mit ihnen und drehte so das Machtwort „Hühnchen“ in mein eigenes Machtwort „Huhn“.

Das vielseitige Tier, das in allen Kulturen der Magie zugeordnet wird, weil es das perfekte Universum, das Ei, hervorbringt, das überall auf der Welt leben kann von

Grönland bis zum Kongo, von Tibet bis New York, dieses Huhn gehört nun mit all seinen Wundern zu meinen Helferwesen, anstatt mich als Hühnchen für den Rest meines Lebens zu quälen.

Wortbild

Worte haben Kraft. Sie können dich angreifen, genauso gut können sie dich auch schützen. Indem du Worte aussprichst, die dich stärken, trösten, zum Lachen bringen, wandelst du die Energie, die in dir wirkt. Wortbilder können dir helfen, diese Wirkung zu erleben und immer wieder, vielleicht auch immer wieder anders, aufzufrischen.

In die Mitte des Wortbilds schreibst du deinen Namen. Je nachdem, welche Energie du erzeugen willst, schreibst du um deinen Namen herum, vielleicht wie die Strahlen der Sonne oder wie eine Mauer oder wie Pflanzen – eben wie es dir am besten gefällt – Begriffe, die diese Energie beschreiben. Wenn du Schutz hervorrufen willst, wählst du Begriffe, die für dich Schutz bedeuten.

Ich würde dann zum Beispiel schreiben:

frech roter Wollschal aus Indien
Yogitee Ziegenbuttersalbe Kelims Göttinnenzimmer
*Auge - **Luisa** - Hühnerkralle*
spucken Mehlkreis
Gans Salbei Kristall
Maulaffen feilhalten Benzoe räuchern
Meteorit Reiberdatschi

Ich habe Worte gewählt, die für mich mit Schutz in Verbindung stehen. Reiberdatschi (Kartoffelpuffer) war das Lieblingsgericht meiner Kindheit. Schon die Erinnerung daran macht mich stark. Meteoriten empfinde ich als verbündete Wesen, wir haben etwas gemeinsam, vielleicht sogar ein Geheimnis. Ihre Kraft unterstützt meine Kraft.

Dabei ist es gar nicht wichtig, ob die schützenden Begriffe von anderen Menschen mit Schutz in Verbindung gebracht werden. Die können sich darüber vielleicht vor Lachen ausschütten. Es geht um die eigenen Worte, für dich müssen sie stimmen. Allerdings solltest du deine Schutz-Begriffe nicht unbedingt preisgeben. Schutz hängt manchmal auch davon ab, dass andere nicht wissen, wie du dich schützt.

Solche Wortbilder kannst du auch entwerfen, wenn du eine Energie zwischen Personen herausfinden willst. Zum Beispiel kannst du anhand so einer Wortzeichnung entdecken, welche Personen du lieber nicht so nah bei dir haben willst und welche Kräfte oder Personen du vielleicht überhaupt rauswirfst.

Wortspiele sind Er-Mächtigungen. Sie verschaffen dir Zugang zu deiner Eigenmacht, sie bringen dich dazu, Entscheidungen zu treffen. Zwar sind es nur Worte, die du wählst und hinschreibst, rufst, sagst oder singst. Aber du hast dich für sie entschieden, mit ihnen hast du einen Weg betreten, einen Raum geöffnet. Du stehst zu ihnen und kannst nun die Kraft übernehmen, die mit ihnen kommt, anstatt dich von der Kraft der Worte, die du nicht gewählt, nicht gewünscht und auch nicht gerufen hast, niederringen zu lassen.

Um herauszufinden, mit welchen Worten du eingeschüchtert, in Schach gehalten, klein gemacht wirst, kannst du auch dafür ein Bild finden. Vielleicht stehen diese Worte alle zusammen in einer Reihe, wie eine Armee. Vielleicht willst du sie in einem Worthaufen zusammenschreiben. Wähle eine Form, die dem Gefühl von Angriff oder Bedrohung entspricht, die diese Worte auf dich ausüben.

Der Wortangriff

Schreibe also Worte auf, die dich angreifen und schwächen. Zwar gilt in der Magie: Was du rufst, kommt. Aber was schon da ist, muss benannt werden, um es bewusst zu machen und damit zu entschärfen. Wenn es in einer Familie ein Geheimnis gibt, das alle wissen, aber niemand ausspricht, dann wirkt es wie eine Befreiung, wenn dieses Geheimnis einmal gesagt wird. Dann ist es aus der verschlossenen Wunde befreit, ans Tageslicht geholt, benannt und damit gebannt.

Sammle Worte, die heimliche Angreifer sind.

Für mich war es ein langer Prozess, diesen Worten auf die Schliche zu kommen und hineinzuspüren: Was machen die eigentlich mit mir. Einige Beispiele:

Abitur

Ich brauchte eine Weile, bis ich zugeben konnte, dass ich es als Mangel empfand, kein Abitur zu haben, weil ich mich dadurch dümmer fühlte. Die süße, freche, hübsche, dumme, verträumte kleine Närrin, die in Mathe leider so schlecht ist.

Zahnarzt

Dieses Wort verfolgt mich seit meiner Kindheit. Es ist mit sinnlichen Eindrücken aufgeladen. Ich höre den Bohrer, ich spüre, wie der Stuhl nach hinten kippt, und anstatt mich wohlig hingeben zu können, harre ich in Angststarre der Schrecken, die ohne Zweifel kommen werden.

Dass mein Zahnarzt ein Freund war, half nicht viel. Erst ein sachlicher, schnell arbeitender wildfremder Zahnarzt, der Zahnsanierung nicht zum Missionszug macht und keine überflüssigen Worte verliert, hat jetzt bewirkt, dass ich keine Angst mehr habe und das Wort langsam seinen Schrecken verliert.

Finanzamt

Ich weiß, meine Schreckensworte sind nicht gerade originell. Finanzamt ist in meinem Kopf gepaart mit „Schlamperei", meiner eigenen nämlich.

Die Art Ordnung, die Behörden verlangen und schätzen, ist in meiner Traumzeit-Reise nicht vorgesehen. Es kostet mich Kraft und Nerven, die Belege meines Lebens zu sammeln und so zu ordnen, dass ein vertretbares Universum fürs Finanzamt entsteht.

Esoterikerin

Dieses Wort wird mir manchmal von politisch aktiven Männern oder Frauen entgegengeschleudert wie ein stinkender Putzlumpen. Als würde ich in meiner hauseigenen

Wurstfabrik mein esoterisches Zeug abfüllen und anbieten...

Benenne deine eigenen Worte des Schreckens und behandle sie, wie man auf Flughäfen und Bahnhöfen mit verlassenem Gepäck umgeht: Lass sie hochgehen und entschärfe sie so.

Wortreise

Dieses Spiel kannst du allein oder mit anderen spielen. Du wählst ein Reiseziel und schreibst zwanzig Dinge auf, die du mitnehmen willst. Nach einer Stunde schreibst du alle Dinge auf, an die du dich noch erinnerst, ohne die Liste anzusehen, am nächsten Tag schreibst du wieder alle Dinge auf, an die du dich erinnerst. So trainierst du einerseits dein Gedächtnis, andererseits ist dies einer der vielen Wege, dich näher kennenzulernen – oder die anderen, denn wenn du das Spiel mit FreundInnen spielst, erfährst du etwas über deren jeweiligen Geschmack und ihre Vorlieben.

Zu mehreren wird es so gespielt:

Die erste Person sagt: Ich reise nach Afrika, und ich packe (zum Beispiel) ein Spaghettiträger-Shirt ein. Die nächste Person sagt (auch zum Beispiel): Ich packe ein Spaghettiträger-Shirt und einen Pass ein, die nächste: ein Spaghettiträger-Shirt, einen Pass und eine Flasche Wasser, usw. Jede Person muss alles Genannte wiederholen und ein Teil hinzufügen. Das Ende ist natürlicherweise erreicht, wenn sich kein Mensch mehr merken kann, was gesagt wurde oder wie die Abfolge war.

Nach einer Stunde schreiben alle Beteiligten alle Begriffe auf, die sie selbst genannt haben, an die sie sich erinnern, danach so viele wie möglich von allen anderen.

Das ist einerseits unterhaltsam und schult andererseits das Gedächtnis und den Umgang mit Sprache.

Wortanalyse

Besonders aufschlussreich ist das Zusammentragen von Worten, die dein Universum illustrieren. Wenn du all diese Worte gefunden hast, wirst du dich wahrscheinlich wundern, wie facettenreich und verblüffend dein Leben ist, über das du ja vermutlich nicht jeden Tag so gründlich nachdenkst. Einfach Nachdenken hat den Nachteil, dass du immer wieder an denselben Stolperschwellen hängenbleibst. Mit Wortspielen überwindest du die Schwellen, ohne darüber nachzudenken – spielerisch eben.

Schreib auf:

1 Wort aus der Kindheit;
1 Wort, das vielversprechend ist;
1 teures Wort;
1 lustiges Wort;
1 saublödes Wort;
1 verbotenes Wort;
so viele Worte wie möglich, die für dich Leben bedeuten;
so viele wie möglich, die schöne Erinnerungen bergen;
Worte, die für dich hohle Klischees sind;

heilige Worte, die für dich höheres Bewusstsein, wertvolle Energie bedeuten.

Worte, die du in deiner persönlichen Zukunft sehen willst (vermeide dabei Namen von Menschen, in der Magie der weisen Frauen ist es nicht in Ordnung, Menschen in eigene Pläne und Konzepte magisch einzubinden und eine Imagination der Zukunft ist ja immer auch eine Form der Magie).

Den Worten einen Resonanzkörper geben

Damit dir die Worte nicht im Hals stecken bleiben, lass den Körper teilnehmen an der Ekstase der Erinnerung, des Spinnens, Träumens, Erweckens.

Körperübungen:

Schüttle den ganzen Körper durch und lass die Lippen sanft aufeinander vibrieren, wie Kinder das tun. Vibrationen regen das Knochenwachstum an, heilen die Zellen. Jeden Tag solltest du wenigstens einmal den Körper durchschütteln, damit Altes, Verbrauchtes verstoffwechselt wird und den Körper irgendwann verlässt.

Dehne und räkle dich, im Stehen, im Sitzen, im Liegen. Und denke daran, dass die ungesündeste Haltung das Sitzen auf einem Stuhl, womöglich vor einem Computer, ist. Wenn das deine Arbeit ist, steh immer wieder auf, dehne dich und lass dadurch zu, dass die Zellen mit Sauerstoff versorgt werden.

Dehne dein Gesicht nach allen Seiten, mach es ganz lang, ganz breit, zieh es so stark zusammen, als wolltest du das ganze Gesicht durch die Nase einatmen, dann atme aus, reiß dabei die Augen und den Mund auf, streck die Zunge heraus und lass die Luft mit einem lauten Ton entweichen.

Lass die Lippen aufeinander vibrieren, mach brrr- und Schnurrlaute. Wenn du dich krank und schlecht fühlst, kannst du schnurren wie eine Katze – so heilt sie sich.

Mach Wawawawa-Laute und beobachte, wie der Ton ins Innere sinkt und darin vibriert.

Singe hohe und tiefe Töne, lass die Stimme auf- und abgleiten. Gib ihr den Atemstrom, der den Ton schwingen lässt.

Singe Vokale. Schön ist es, wenn zu dem Vokal ganz natürlich eine Farbe entsteht, der Vokal gefärbt ist. Wenn ich a singe, wird alles blau, i ist rot, und so weiter, so habe ich zu den Vokalen, die auf verschiedene Körperteile einwirken, den Heileffekt der Farbe.

O beginnt ganz tief im Becken zu schwingen.

U wirkt auf die Nabelregion und den Bauchraum.

A wirkt auf Solarplexus und Brustraum.

E wirkt auf Schultern und Kehle.

I wirkt besonders stark im Kopfbereich.

Besonders gut lassen sich solche Sing-Übungen im Freien machen. Vokale bringen den Körper zum Schwingen, und ich bin davon überzeugt, dass darin das Geheimnis der Mantren liegt. Du singst Vokale und erweckst den Körper zu neuem Leben – Sprache als Heilmittel. (Weitere Übungen in „Auf Katzenpfoten zur Nirwanarolle".)

Damit der „Wort-Wechsel“ gelingen kann, muss das Hirn wach sein und mitmachen. Dafür gibt es ein paar Übungen, die dem Hirn allerlei Überraschungen bieten.

Hexenweben

Das Hexenweben nennen manche Däumchendrehen, jedenfalls die einfache Form: Zeigefinger und Daumen der linken Hand wandern abwechselnd über Zeigefinger und Daumen der rechten Hand. Also rechten Daumen auf linken Zeigefinger, rechten Zeigefinger auf linken Daumen, dann drehen: linken Daumen auf den rechten Zeigefinger und linken Zeigefinger auf den rechten Daumen. Wenn das flüssig gelingt, können so die Fingerspitzen der rechten Hand die Fingerspitzen der linken Hand abwandern: Daumen auf Zeigefinger, Zeigefinger auf Daumen, Daumen auf Mittelfinger, Mittelfinger auf Daumen, Daumen auf Ringfinger, Ringfinger auf Daumen, Daumen auf kleinen Finger, kleinen Finger auf Daumen, immer hin und her. So werden die linke und rechte Gehirnhälfte überrascht, überrumpelt und aktiviert.

Mudra-Wechsel

Setz dich am besten in einen bequemen Schneidersitz oder, wenn dir das keine Mühe macht, in den halben oder den ganzen Lotus-Sitz aus dem Yoga.

Der Daumen der rechten Hand liegt über dem Mittelfinger der rechten Hand, die anderen Finger der rechten Hand bleiben ganz locker.

Die Daumenspitze der linken Hand liegt auf der Fingerspitze des Zeigefingers auf.

Die linke Hand scheint also mit Daumen und Zeigefinger eine imaginäre Nadel zu halten, während der Daumen der rechten Hand über dem Mittelfinger liegt. Dann wechselst du die Stellung: Die rechte Hand hält die imaginäre Nadel, Daumen auf Zeigefinger, und die linke Hand bildet das Mittelfingermudra: Der Daumen schließt sich um den Mittelfinger.

Wechsle zunächst ganz langsam und achte besonders darauf, dass die Fingerspitzen beider Hände nicht dieselbe Bewegung machen. Anfangs ist das sehr kompliziert, irgendwann kommst du in eine schnelle Wechselbewegung. Vergiss nicht zu atmen.

Hände und Füße lernen sich kennen

Die Füße sind ja immer sehr weit weg vom Hirngeschehen, weshalb sie auch oft kalt werden und beleidigt sind. Die Hände haben meistens viel zu tun und reißen die Bedeutung an sich. Um die Energie in einen Kreislauf im Körper zu bringen, kannst du Hand- und Fußflächen zuerst aneinanderreiben, also du reibst dir die Hände, und auf dem Rücken liegend, Schultern etwas vom Boden weg, Bauchmuskeln stark, reibst du dir auch die Füße. Möglichst schnell und oft.

Dann setz dich auf und nimm den linken Fuß in die rechte Hand, den rechten Fuß in die linke Hand. Lass Fußsohlen und Handflächen aufeinander liegen. Dann reibe die Fußsohlen mit den Handflächen.

So schließt sich einerseits der Energiekreis und andererseits werden die Hirnhälften zu gemeinsamen Aktionen angeregt, die Impulse im Hirn beginnen zu kreisen.

Wohlige Nebenwirkung: Hände und Füße werden warm.

Imaginationsübung

Du kannst dich entspannt auf eine nicht zu weiche Unterlage legen, tief atmen und die Muskulatur im Körper entspannen. Fang bei den Füßen an und versuch, deinen Körper von den Füßen bis zum Kopf wahrzunehmen.

Jetzt stell dir vor, dass in deiner linken Hirnhälfte ein Wort auftaucht. Nimm das Wort wahr, ohne es zu werten.

Stell dir vor, in deiner rechten Hirnhälfte taucht ein Wort auf.

Lass hinter der Stirn eine Farbe entstehen.

Lass am Hinterkopf eine Farbe entstehen.

Schreib nach der Imagination auf, was an jeder Stelle aufgetaucht ist.

Auch wenn du die Auflösung kennst, kannst du diese Übung immer wiederholen. Es gibt nämlich Worte, die lassen sich partout nicht auf die rechte oder auf die linke Seite bauen, selbst wenn man sie dort gern hätte.

Beobachte einfach, was auftaucht.

Die linke Hirnseite ist mit der rechten Körperseite verbunden und steht für die Alltagsverarbeitung, die rechte Hirnseite ist mit der linken Körperhälfte verbunden und steht für Traumzeit, Spiritualität, Fantasie.

Bei LinkshänderInnen ist es übrigens umgekehrt.

Hinter der Stirn befindet sich das Zentrum für Bewusstheit von sich selbst, Sprachverarbeitung, Planung, Organisation.

Im Hinterkopf befindet sich das Archiv, das limbische Zentrum im Stammhirn, im ältesten Teil des Menschen, das für Gefühle, für kollektives Wissen und kollektive Erinnerung zuständig ist.

Die Farben:

Rot ist Energie, Vitalität, Herausforderung, Kampf.

Blau ist Weite, Raum, Ruhe.

Gelb ist Helligkeit, Licht, Wärme.

Grün ist Ausgleich, Heilung, Harmonie.

Schwarz steht für alle Farben und hat magnetische Wirkung, zieht alles in sich.

Weiß steht für alle Farben und strahlt ab, kann aggressiv wirken.

Violett ist die Heilfarbe par excellence fürs Hirn.

Alle Mischfarben definieren sich nach den Grundfarben, die beteiligt sind.

Den Körper aufladen

Wenn du viel mit Worten, Sprache, mit Begriffen und Definitionen arbeitest, ist es gut, den Körper gelegentlich wieder zu energetisieren. Dazu kannst du die Handflächen aneinander reiben, bis sie heiß sind, dann bedeckst du die geschlossenen Augen mit den Handflächen, nach einer Weile öffnest du die Augen unter den Handflächen, reißt sie weit auf und schließt sie wieder.

Wieder reibst du die Hände aneinander, bedeckst die Ohren und lässt die Hände eine Weile dort.

Balle die Hände zu lockeren Fäusten und trommle auf den unteren Rücken, mit leicht eingeknickten Knien.

Klopfe mit den Fäusten auch das Brustbein und den

Brustraum oberhalb der Brüste. Das aktiviert die Funktion der Thymusdrüse, die bei erwachsenen Menschen kaum noch Hormone ausschüttet. Da diese aber sehr wichtig für die Immunkraft des Körpers sind, schadet es nichts, die Produktion wieder anzuregen.

Nun könntest du auf dem Rücken liegend auch noch Hände und Füße in der Luft kreisen lassen und zum Schluss Arme und Beine, Hände und Füße kräftig ausschütteln.

Falls du in der Anregung deiner beiden Hirnhälften noch weitergehen willst, hier ist der Adlertanz aus Westafrika, der auf geniale Art alle Seiten des Körpers miteinander verbindet.

Du stehst mit leicht eingebeugten Knien locker auf deinen nackten Fußsohlen. Verschieb nun das Gewicht auf die Fußballen, indem du die Fersen vom Boden hebst. Jetzt schlackere die Knie nach innen und aussen, ähnlich wie beim Charleston. Dazu schlägst du die Hände auf und ab und bewegst dich idealerweise noch vorwärts. Da hättest du dann die Innen-außen-Bewegung, die Auf-ab-Bewegung, die Vorwärtsbewegung, und – jetzt kommt es: Dazu machst du Wawawawa oder Brrrr, weil das zusätzlich das Sprachzentrum anregt.

MAGIE DER WORTE

In der Magie spielt die Sprache eine herausragende Rolle. Zwar gab es die längste Zeit der Erdgeschichte und der Menschheitsgeschichte gar keine Sprache, aber mit der Sprache begann die bewusste Kommunikation und die Manipulation der Lebensumstände. Was sprachlich definiert werden kann, kann auch verneint, hinterfragt oder abgelehnt werden.

Sprache kann beschreiben, erklären, illustrieren. Mit Worten können Stimmungen erzeugt werden. In der Magie der weisen Frauen bewirken Worte Veränderung von Wirklichkeit.

Benennen.

Rufen.

Binden.

Bannen.

Lösen.

Wandeln.

BENENNEN

Noch ehe an Manipulation der Wirklichkeit gedacht wird, ist es eine wirklich gute Idee, das Bestehende zu benennen. Sagen, was ist, zitiere ich hier noch einmal Hannah

Arendt, denn nichts ist so idiotisch wie die Manipulation einer falsch eingeschätzten Wirklichkeit. Wozu etwas rufen, verstärken, an sich binden, das schon mit aller Macht kommt oder da ist und nur nicht wahrgenommen wird? Das Benennen der eigenen Wirklichkeit, der Situtation, in der du dich befindest, der Zusammenhänge ist die Grundvoraussetzung für das magische Spielen mit Worten.

RUFRITUAL

Vor dem Ritual überlegen sich alle Beteiligten, welche Kräfte sie in ihr Leben rufen wollen. Oft rufen Frauen in Ritualen zum Beispiel die Kraft der Wölfin oder die Pantherin. Das kann gut sein, wenn eine mit ihrer eigenen Raubtierenergie Bekanntschaft machen will. Wichtig wäre es aber auch, dazu zu stehen, dass sie sich nehmen will, was ihr zusteht – und da fangen die Probleme oft an. Ich rufe, sagen wir, Faulheit, Zeit zum Träumen. Ich bekomme diese Zeit, wie auch immer. Und dann habe ich ein schlechtes Gewissen, weil ich nichts tue?

Ich rufe die Wölfin, sie kommt und mit ihr eine Gelegenheit, Beute zu machen. Das kann ich aber nicht tun, weil ich das moralisch ablehne? In diesem Fall ist es besser, die Wölfin nicht zu rufen. Sei dir darüber klar, was du wirklich brauchst, und rufe genau die Kräfte, die dich zur gewünschten Kraft begleiten können. Nicht mehr und nicht weniger geschieht in einem Ritual des Rufens.

Niemand kann bestimmen, wie gerufen wird und was korrekt ist. Wenn eine in einem Frauenkreis ihren Opa oder John Galliano ruft – meinetwegen. Die kommen ja nicht zu mir.

Der Vorteil an einem gemeinsamen Ritual ist, dass alle ihre Kraft zusammenbringen, um jede Einzelne zu unterstützen. Das heißt aber nicht, dass wir uns alle lieben oder gar mit dem Gerufenen der anderen identifizieren müssen.

Das Ritual kann mit einem Kreis begonnen werden, natürlich können die Elemente, die vier Himmelsrichtungen, die vierzehn Nothelferinnen oder Ahninnen und Ahnen gerufen werden. Es muss aber nicht so sein.

Eine allein könnte in einem Kreis aus Steinen, Laub, Mehl, aus ihren Unterhosen oder Göttinnenfiguren stehen und die Kräfte rufen, die sie gern in ihrer Nähe hat.

Noch etwas: Natürlich warten all diese Kräfte nicht, bis du sie rufst, und verschwinden nicht, wenn du sie verabschiedest. Die Form ist dein Gerüst, das dir hilft, deine Kraft zu bündeln. Körperlose Wesen sind nicht auf Menschen angewiesen. Sie zu rufen, ist liebevolle Aufmerksamkeit, aber nicht Macht. Wenn du vergessen hast, sie zu verabschieden, mach dir nichts draus – sie werden nicht festgeschweißt bleiben, bis du wieder an sie denkst.

In einem gemeinsamen Kreis kann eine nach der anderen die gewünschten Kräfte und Wesen rufen, zum Schluss ist es immer schön, sich die Hände zu geben und So sei es! zu rufen. Es geht aber auch ohne.

Rufen kannst du auch mit einem Gedicht, einem Lied, einem Reim.

Aus dem Rufritual kann idealerweise eine Wandlung hervorgehen. Das Wandeln von Materie und Situationen ist die höchste magische Kunst. Gut gerufen ist also halb gewandelt.

Eine Frau, die in einer sehr prekären Lebenssituation war und sich ein Seminar leistete, um sich wieder zu sammeln, erlebte nach einem Rufritual, dass dies der Auslöser für eine langsame, aber unaufhaltsame Wandlung war. Monate danach hatte sie wieder einen Job, ihre persönliche Situation entschärfte sich, sie konnte aufatmen.

Magische Närrinnen atmen schon vorher auf und nähren ihr Urvertrauen mit allen möglichen Hilfsmitteln wie die eigene Situation heiter erfassen und umdichten, ein Mondritual feiern, in dem die Kraft des Mondes in die Veränderung der eigenen Situation gerufen wird, jeden Augenblick des Lebens wahrnehmen und genießen. Den Atem, die Sonne, die Anziehungskraft der Erde. Es ist eigentlich ganz leicht, Urvertrauen zu erlangen: Hat dich die Erde schon einmal fallen gelassen? Ist die Sonne nicht aufgegangen, obwohl du sauschlecht drauf warst und mit wütenden Mantren den Untergang der Welt beschworen hast? Ist die Natur von deiner Laune abhängig? Na also.

BINDERITUAL

Kräfte, mit denen du gerade nicht in der Lage bist umzugehen, kannst du für eine begrenzte Zeit einbinden. Nichts kann für immer gebunden werden, deshalb ist es sehr wichtig, sich klarzumachen, was durch dieses Einbinden oder Festbinden bewirkt wird. Wer zum Beispiel durch Östrogene die Jugendlichkeit an sich bindet, muss sich darüber klar sein, dass einerseits diese Östrogene Nebenwirkungen haben und andererseits danach die Wirkung um so verheerender sein kann. Dasselbe gilt für das Straffbinden der Haut, um Falten zu verziehen. Irgendwann fällt die übrige schlaffe Haut über die straffgezogenen Teile.

Wenn ich eine Energie binde, verschaffe ich mir mit diesem Ritual etwas Luft zum Krafttanken.

Gebunden wird mit Worten, es kann auch eine praktische Handlung damit einhergehen. Eine Schnur kann die beiden Teile umwickeln, die verbunden werden sollen.

Nach einer vollen Mondphase muss das Gebundene wieder gelöst werden. Entweder schneidest du die Schnur auf, oder du wirfst das Gebundene z.B. ins Wasser, wo es sich nach einer Zeit von allein auflöst.

Das Trennritual kann eine unangenehme Wirkung ähnlich der Erstverschlechterung in der Homöopathie nach sich ziehen. Weshalb Binderituale etwas für Rossnaturen sind. Aber die brauchen eigentlich keine Binderituale.

Ich mache kaum Binderituale. Rufen finde ich sanfter, schöner und weniger manipulativ.

Gelegentlich machte ich mit einer Freundin ein Löseritual, dem wir, um es wirksam zu machen, ein Binderitual vorausgehen ließen. Um die Bindung noch einmal zu spüren und zu verstärken, kann zum Beispiel zum Ende einer Beziehung, einer Liebe, einer Ehe eine Schnur um zwei Holzstäbchen gewickelt werden, die die beiden Beteiligten darstellen. Alles, was der Lösungswilligen, die mit einer Trennung aber nicht zurechtkommt, zur Beziehung einfällt, wird gesagt oder gedacht, während sie die

Schnur um die beiden Stäbchen wickelt. Dann kommt die Trennung. Entweder wird nun die Schnur genauso intensiv aufgewickelt, sie kann aber auch durchgeschnitten werden, oder das Päckchen wird den Fluten eines Flusses oder dem Feuer übergeben.

BANNRITUAL

Bannrituale können notwendig werden, wenn eine Belästigung, Bedrohung oder Irritation zu stark wird und du damit nicht mehr glücklich wirst. Sei dir darüber klar, dass ein Bannritual unter Umständen bedeuten kann, dass du deinen Standort veränderst, weil vielleicht die andere Kraft unbeweglich ist. Krass gesagt, wenn dich der Berg vor deinem Fenster stört, wirst du vermutlich umziehen, anstatt ein Bannritual gegen den Berg zu machen. Dasselbe kann auch bei einem unangenehmen Vermieter, bei grauenvollen Nachbarn oder in einer Arbeitssituation, in der du unglücklich bist, der Fall sein.

Magie geht den Weg der geringsten Energieaufwendung bei größtmöglicher Wirkung. Mit anderen Worten: Du kannst nicht in allen Einzelheiten festlegen, wie ein Bannritual ausgeht. Du kannst die Kraft, um die es geht, bannen. Dass sie dich nicht mehr erreicht, kann auf unerwartete Weise geschehen.

Am besten wirkt ein Bannritual in der Mittagssonne. Du stellst dich so, dass du deinen Schatten sehen kannst. Nimmst einen Holzstock und steckst ihn in die Erde, während du benennst, was du bannen willst.

Dieses Ritual ist ein magischer Trick. Der Schatten gehört ja zu dir, und so ist der Eingriff nicht so krass, andererseits kannst du nun einen Schritt zur Seite gehen, das Gebannte samt Stock steckt in der Erde, und du machst dich mit deinem Schatten auf und davon. Magie ist eben auch witzig.

Irgendwann wird jemand den Stock herausziehen, ein Tier wird vielleicht drauftreten, ein Regen ihn herausschwemmen. Das heißt, dass die notwendige Lösung bei diesem Ritual schon mit einbezogen ist.

LÖSERITUAL

Ich habe das Lösen schon beim Rufen, Bannen und Binden beschrieben. Es ist aber auch möglich, ein unabhängiges Löseritual zu machen, um Ballast abzuwerfen, sich von geheimem Gepäck zu befreien.

Wenn ihr es gemeinsam macht, könnt ihr einen Kreis bilden, in dessen Mitte zum Beispiel eine Wasserschale steht, in der ein Stein liegt. Eine nach der anderen geht in die Mitte, spricht das, was sie los werden will, in den Stein, wäscht ihn und gibt ihn der Nachbarin zur Linken weiter. Wenn alle losgeworden sind, was ihnen auf dem Herzen liegt, wird die Schale mit dem Stein aufgehoben. Nun spricht die erste, in was sie die Energie, die in der Schale liegt, verwandeln will, zum Beispiel in Lachen, in Freude, in Gesang usw. Jede kann dazu etwas sagen. Das Wasser kann dann Blumen gegeben oder in die Erde gegossen werden. Ins Klo würde ich es nicht schütten, schließlich ist es nach der Verwandlung hochangereicherte Substanz, mit der gute Energie verbreitet werden kann.

Am Schluss können wieder alle rufen: So sei es!

Zum Ablauf von Ritualen möchte ich noch einmal betonen: Niemand kann dich zwingen, einen bestimmten Ablauf einzuhalten, es gibt kein Gesetz, das ihn vorschreibt, die überlieferten magischen Weisheiten sind fragmentarisch und werden von den unterschiedlichen „Schulen“ irgendwie dogmatisch ausgelegt. Da die Zeit der weisen Frauen eine Zeit der mündlichen Überlieferung war, ist es schwer, aus schriftlich Überliefertem die Essenz herauszufiltern. Aber es ist natürlich möglich, und ich finde es sehr anregend, aus Märchen, Sagen, Archiven, Kinderliedern und Kinderspielen magische Juwelen herauszuholen. Die Festlegungen von Ritualen und gesprochenen Worten, von Hierarchien und Pflichten entspringen dem Bedürfnis der Beteiligten nach Struktur und Strenge. Es ist mir eine Freude, daran zu erinnern, dass sich die Natur nicht an die festgelegten Strukturen der Menschen, an rituelle Vorschriften und Feiertage hält.

WORTZAUBER

Die älteste Wortmagie ist, einen Zettel zu schreiben oder zu malen und mit Worten auszustatten, die sich erfüllen sollen. Amulette muslimischer Marabouts enthalten heilige Worte, die die Trägerin, den Träger schützen sollen. Die Kirche übernahm im Mittelalter von den Zauberinnen die Tradition der magischen Worte. Fortan wurden „Breverl“ ausgestellt: Bibelzitate oder Liedtexte wurden auf Zettel geschrieben, die dann mit Stoff oder Leder umhüllt, bestickt, mit allerlei Perlen, Schmuckzeug oder Silber besetzt wurden. Man trug sie um den Hals oder hängte sie als Schutz irgendwo ins Haus.

Auch der Brauch, C + M + B und die Jahreszahl an die Haustür zu schreiben, gehört zur Wort-Magie. Angeblich steht C für Caspar, M für Melchior und B für Baltasar. Ute Schiran schrieb über ihre Tür auf der schwäbischen Alp „Catarina + Margarete + Barbara“; es könnte natürlich auch „Calcium + Magnesium + Vitamin B“ heißen! Oder „Cerridwen + Maya + Befana“, so hast du den Kessel, die Imagination und den Tanz gerufen.

In der wilden 68er-Zeit hatten wir die Angewohnheit, korrupte Gewerkschaftsbosse, Vergewaltiger, Schläger zu outen, indem wir entsprechende Hinweise mit Kreide an ihre Tür schrieben und fotografierten. Ein ausgesprochenes Wort breitet sich weit aus. Wir kennen das von der Bildzeitung, die Worte sehr genau wählt, um Menschen zu diffamieren, Hass zu schüren, niedrigste Triebe zu befriedigen. Juristisch fast immer unangreifbar werden die Worte perfekt in die Rechtslage eingepasst. Dagegen werfen Menschen in der Wut mit Worten derart unvorsichtig um sich, dass sie Gefahr laufen, sich damit zu ruinieren.

Das beweist: Es gibt Worte, deren Wirkung so nachhaltig ist, dass sie vermieden werden müssen – oder eben endlich ausgesprochen. Das ist reine Wortmagie.

Findest du das Wort, das allein durch das Aussprechen eine Lawine von Wirkungen auslöst, dann bist du der

Magie der Worte mächtig. Wenn ich zum Beispiel – mit wachsendem Vergnügen – sage: Ich bin Feministin! steigt der Pegel abgesonderter Energie bei Männern wie bei Frauen. Frauen steigern sich geradezu in Abwehrzauber, wenn ihnen andere Frauen feministisch kommen. Sie müssen sofort beweisen, dass sie nicht so verkrampft, so zickig, so hysterisch sind wie diese blöden Emanzen. Dass sie es nicht nötig haben.

Naja, wer sich unterwerfen will, wer sich noch dem größten Langweiler zum Fraß vorwirft, kann natürlich mit freiheitlichen Inhalten nichts anfangen. Feministinnen ist das übrigens egal. Wir wollen uns nur die Beziehungsprobleme nicht mehr anhören, die an jeder Ecke feilgeboten werden.

Wortmagie in Beziehungen funktioniert so: Die Frau will reden, der Mann will nicht zuhören. Dann spricht die Frau das magische Wort Schluss, das derart tief einfährt, dass es oft zu körperlichen Reaktionen mit Todesfolge kommt. Wer ein Machtwort ausspricht, muss sich vorher über die Wirkungen klar sein. Viele Frauen lassen sich zu einer „letzten Aussprache“ überreden, zu der sie auch noch allein hingehen, was dann tatsächlich oft zu allerletzten Worten führt.

Sprache ist so mächtig, dass sie, bewusst gewählt, virtuos eingesetzt, geschickt formuliert und nach dem magischen Prinzip minimalen Einsatzes mit größter Wirkung eingebracht, tiefgreifende Veränderungen bewirkt.

ABWEHRZAUBER

Eine uralte Technik des Abwehrzaubers, ein sogenanntes apotropäisches Mittel – das heißt: schädliche Einflüsse abwehrend – ist das negative Benennen positiver Tatsachen. Zum Beispiel wird in Sizilien von einem Baby niemals gesagt, es sei reizend und hübsch, sondern es wird nach allen Regeln der Kunst verbal schlecht gemacht. Hässlich sei es, zu klein geraten, schwächlich und so weiter. Warum? Damit die Geister – und die Menschen? – nicht neidisch werden. Du hast aber einen schönen Pullover! Ach, der ist uralt, ist dann oft die Antwort. Oder: Der war ganz billig! Was ich kleiner und geringer mache, erregt nicht ungewollt Aufmerksamkeit.

Diese apotropäische Methode hat ein interessantes Phänomen produziert: Alles wird so lange kleiner und schlechter gemacht, bis es wirklich immer kleiner und schlechter wird. Die Kehrseite dieses Abwehrzaubers ist nämlich, dass er nicht zu oft eingesetzt und vor allem nicht mit innerer Beteiligung geäußert werden darf. Im Sinn einer guten Abwehr darf ich schon sagen: Der Pullover war ganz billig! Aber ich darf mich emotional nicht mit dem „billig" identifizieren.

Identifizieren ist aber eine Lieblingsbeschäftigung der westlichen Zivilisation. Dann kommt es zu einem Phänomen, das wir aus der Schulmedizin kennen: Cortison ist ein potentes Heilmittel für Hautprobleme und Entzündungen. Wer zuviel Cortison nimmt, bekommt genau das Problem, das das Medikament heilen soll. Im Übermaß kippt die Wirkung und erzeugt, was sie verhindern sollte.

So ist es auch mit dem Abwehrzauber. Wenn ich genug gejammert habe, nur über Geldmangel, Schwierigkeiten und Ungerechtigkeiten spreche und den Eindruck erzeuge, ich bin eine arme Sau, dann werde ich irgendwann auch eine.

Einen schutzlosen Menschen oder ein kostbares Gut im Sinne des magischen Schutzes verbal kleiner oder schlecht zu machen, kann in ein anderes magisches Gesetz kippen: Was du rufst, kommt.

Wie also mit Worten der Macht umgehen? Nun kommt ein weiteres Gesetz der Magie zum Einsatz: List, Geschicklichkeit und Tricks. In der Magie ist nicht verboten, Realitäten aufzubauen, um zu schützen und zu verbergen. Die Magie funktioniert nicht nach den religiösen Vorgaben, dass Gott straft, wenn jemand lügt, oder man immer die Wahrheit sagen muss. Im Magischen werden Worte und Illusionszauber eingesetzt, um Bilder und Wirklichkeiten zu erzeugen.

Moralisch ist das durch die Erkenntnis abgesichert, alles, was du tust, sagst und bewirkst, fällt auf dich – manche sagen siebenfach – zurück. Schon aus diesem Grund halten sich verantwortungsbewusste MagierInnen zurück.

Das Spiel mit Worten jedoch ist eine große und uralte Kunst der zaubermächtigen weisen Frauen. Mit Worten wird Wirklichkeit entworfen, mit Worten werden Gefahren mühelos gebannt. Das entscheidende Wort entmachtet den Gewalttäter ohne Muskeleinsatz. Worte versiegeln geheime Orte oder öffnen sie.

Wer zaubermächtig werden will, muss sich vor allem mit den Worten beschäftigen, die den Tag begleiten, die

die eigene Wirklichkeit entwerfen, manchmal zementieren, sie schützen oder gefährden.

Die Worte mit Bedacht zu wählen, kann das Leben verändern, Hormone ausschütten, Stoffwechselprozesse in Gang setzen. Wenn ich zum Beispiel über Süßigkeiten und Schokolade spreche, wird bei Menschen, die gern Süßes essen, bei Kindern insbesondere, Insulin ausgeschüttet, so dass sie in Unterzucker fallen, wenn sie nicht tatsächlich etwas Süßes bekommen. Liebesgeflüster schüttet Östrogene und Glückshormone aus. Drohende Worte lähmen und blockieren die Anlegestellen im Hirn, die eigentlich für Aktivität zuständig sind. Worte sind Magie. Wortmagie wandelt Wirklichkeit.

DIE NAMEN DER GÖTTINNEN SINGEN

Wir konnten als Kinder die Werbelieder nachsingen, die wir im Radio hörten: Lindes, Lindes, Lindes, ja, der schmeckt! Alles, was das Herz begehrt, mit Hertie, mit Hertie! Und so weiter. Die Werbung entdeckte nämlich schon früh, dass Gesungenes tief verwurzelt wird und lange bleibt. Auch die Kirche arbeitet mit Musik als religiösem Bearbeitungsmittel. In der Frauenbewegung wurde es bald ein Bedürfnis, die eigenen Lieder zu finden. Schallplatten, Liederbücher entstanden. Auch die spirituelle Frauenbewegung schuf sich eigene heilige Lieder, mal wunderschön, mal schmalzig.

Eine mächtige Form weiblicher Bestätigung gibt es aber schon sehr lange, vielleicht seit dem Anfang weiblicher Spiritualität. Frauen, die im Leben eine große Bedeutung hatten, mächtige Ahninnen, Geistwesen, wurden als Göttinnen verehrt. Ihre Namen werden bis heute gesungen, um die Energie zu rufen, die sie immer noch verkörpern.

In der Magie der sibirischen SchamanInnen ist das Gesprochene, Gesungene immer Gegenwart. Es gibt keine Vergangenheit. Was gerufen, gesungen, benannt wird, ist Gegenwart. So ruft jeder Göttinnen-Name die Kraft der Göttin und jedes Wort die Energie, die es transportiert.

Vielleicht kennst du keine Göttin? Die bekannteste im patriarchalen Raum ist Aphrodite. Die Göttin der Liebe ist sogar Namensgeberin für potenzstärkende Mittel. Psyche ist auch relativ bekannt, obwohl die meisten Menschen sich nicht klarmachen, dass dieser Name die Göttin des inneren Empfindens benennt. Diana gilt als Göttin der Jagd und ist ursprünglich das Gegenteil – die Hüterin der Tiere und der Wildnis, die Jungfrau, also die freie Frau, die tut, was sie will und was ihr gefällt.

Das Internet mag viele Probleme aufwerfen und viele Halb- und Unwahrheiten verbreiten, es hat aber den großen Vorteil, auch verborgenes Wissen ans Licht zu bringen. Über die Stichworte Matriarchat, Göttin, Hexe, Frauenkraft usw. eröffnet sich ein ganzes Gewebe von Frauenwissen. Magische Worte, die Wirklichkeiten enthüllen! Falls du also keine Göttinnen kennst, kannst du mein Buch „Eine Göttin für jeden Tag“ durchblättern, in dem mehr als 365 Göttinnen benannt und kurz beschrieben sind. Du kannst aber auch im Internet stöbern und dir von dort Göttinnen-Namen holen.

Das Singen von Göttinnen-Namen ist natürlich am schönsten in einer großen Gruppe. Wählt euch die Namen aus, die die Kraft beinhalten, die ihr rufen wollt, dann kann jede einzeln ihre Göttin rufen und singen, und schließlich können alle zusammen die Namen in einen Klangteppich einsingen. Mächtige Magie!

Wie mächtig Wortmagie ist, sehen wir daran, dass die Kirche aus der Göttinnen-Triade die neue Männertriade schuf. Vater, Sohn, Heiliger Geist heißt jetzt, was einmal die Junge, die Mutter, die weise Alte war. Katholiken bekreuzigen sich im Namen des Vaters, des Sohnes und des Heiligen Geistes. Die weisen Frauen der Gegenwart singen Artemisia, Cerridwen, Diana, Kali, Amaterasu, Tara, Guanyin und so fort.

Dass viele Frauen das Weibliche nicht benennen wollen aus Angst, sie könnten von Männern nicht akzeptiert, als Feministinnen diffamiert, als alte Jungfern gebrandmarkt, als Außenseiterinnen ausgesondert werden, beraubt sie der größten Kraft, der Souveränität der freien Frau. Die freie Frau kennt sehr wohl die unterstützende Kraft der mächtigen Worte und wählt ihre Verbündeten mit Bedacht. Es ist offensichtlich, dass viele Frauen lieber in einer festen, gesellschaftlich akzeptierten Struktur dienen – im Christentum, im Buddhismus, im Islam usw. – als sich frei kreisend der Kritik auszusetzen.

Auf einer buddhistischen Veranstaltung gab es vor der heiligen Belehrung folgende Durchsage: Die Frauen, die gestern geputzt haben, sollen sich bitte melden, wir brauchen sie heute noch einmal. Zu diesen Frauen werde ich nie gehören, Kali sei Dank.

NAMEN SINGEN

Zur Stärkung der eigenen Kraft können in einem Ritualkreis die Namen der jeweiligen Frauen gesungen werden. Alle bilden einen Kreis, eine stellt, setzt oder legt sich in die Kreismitte. Die Frauen im Kreis singen ihren Namen. Sie können die Frau in der Mitte auch berühren, um sie herumtanzen oder sie halten, je nachdem wie jede das gern hat. Rituale des Singens sind deshalb so mächtig, weil Singen die eigene Kraft freisetzt. Gesang ist heilend.

Auch wenn für eine andere Frau gesungen wird, wirkt der Gesang doch auch für die, die singt. Blockierungen lösen sich, Schwingungen verbreiten sich in Wellen durch den ganzen Körper. In einem Kreis kann auch jede Frau ihren Namen singen, und alle geben schließlich ihren Namensgesang in einen gemeinsamen Klangteppich ein.

MAGISCHE REIME

Reime gehören zu den spielerischen Formen der Magie. Einerseits regen sie die Fantasie an, andererseits kommen Reime in der energetischen, der Geisterebene besonders gut an. Märchen und Kinderlieder, Kinderspiele und magische Traditionen kennen die Macht der Reime. Sie wurde auch durch die Inquisition nicht gebrochen. Reime scheinen närrisch und deshalb ungefährlich, wirkungslos. Das Gegenteil ist der Fall. Gelingt es dir, dein Anliegen in einen geistreichen Reim zu ver-dichten, freut das die Geister, die dir bei der Verwirklichung helfen sollen.

Um einen Reim zu bilden, musst du dich schon in deinem Hirn ein wenig umsehen, nach Begriffen und eingespeicherten Worten suchen. Manche Frauen finden das albern. So schützt sich die mächtige Magie. Viele AnwärterInnen für magische Rituale und Handlungen lassen sich im Vorfeld entmutigen oder langweilen. Wenn die lineare Wirkung nicht gleich sichtbar wird, die Energie spiralig taumelt und kein Ende in Sicht ist, fallen die meisten InteressentInnen ab. Die großen Religionen haben das erkannt, ebenso die Werbung. So versprechen sie schnelle Wirkung und binden die Menschen in ein Netz aus Verheißung und Versprechung ein. Dass sich diese Lockmittel nicht erfüllen, wird damit begründet, die Gläubigen, Suchenden, die Kunden hätten Fehler gemacht.

In der Magie geht es nicht um Glauben. Es geht um den virtuosen Einsatz der eigenen Kräfte, der Energien, der Geschicklichkeit. Ein Reim ist ein gutes Mittel, die Kräfte zu sammeln, geschickt einzubringen und das zu rufen, was gewünscht ist.

Ein Reim
ist ein Keim,
holt hervor,
wird zum Tor,
öffnet Wege,
geschickt und rege,
ruft herbei,
wie es sei,
schafft Raum,
für den Traum.

WORTSPIRALE

Da in der Magie das wirksamste Prinzip lautet: Was du brauchst, kannst du rufen! Was du rufst, kommt! ist eine Spirale aus Worten eine schöne Möglichkeit, zu rufen, was sich verwirklichen soll. Du kannst sie allein oder mit anderen zusammen machen.

Ich habe so eine Spirale einmal als magische Performance im Luzerner Kunstmuseum gemacht. Die Anwesenden riefen mir Worte zu, ich schrieb sie mit Kreide auf den Boden, bis eine große Spirale entstanden war. Jugendliche, die Worte an die Wand schreiben, bewegen sich im energetischen Geflecht der Magie, auch wenn es ihnen nicht klar ist.

Du kannst auch einen Zustand, ein Wort auf einen Zettel schreiben und diesen so lange mit dir herumtragen, bis er verschlissen ist, oder ihn in ein fließendes Gewässer werfen oder verbrennen. In der Hosentasche oder in der Handtasche geht die Bearbeitung langsam und gründlich vor sich. Wirfst du den Zettel ins Wasser, löst er sich auch nicht sofort auf, die Wirkung lässt etwas auf sich warten. Wenn du den Zettel verbrennst, leitest du eine schnelle Lösung ein. Allerdings kann sie heftig sein.

Abwarten - Tee trinken

Greif nicht zum Telefon, bestelle nichts, kaufe nichts, erkläre nichts, entschuldige dich nicht, suche keine Auseinandersetzung, schreib keine SM, keinen Brief, keine E-mail – halte es aus, dass nichts geschieht, dass sich alles setzen kann, dass du selbst ruhig wirst.

Wie oft hast du durch ständiges Reden, Reagieren, Entschuldigen, Erklären, Herausfordern etwas zerstört, das sich im Keim entwickelte und Raum, Zeit und Luft brauchte, vor allem aber Stille.

Lass die Stille geschehen. Halt den Mund. Setz Wasser auf und brühe dir Tee auf. Trink den Tee und genieße die Stille.

Berufstäter

Arbeitslosigkeit ist bedrohlich, weil sie mit Mittellosigkeit einhergeht. Aber berufstätig zu sein, heißt auch BerufstäterIn zu sein. Wer arbeitet, wer handelt, manipuliert. Viele Tätigkeiten schaden der Natur und den Menschen mehr, als sie nützen. Ihr einziger Nutzen ist das dabei verdiente Geld. Weil alle Geld brauchen, müssen alle arbeiten. Menschen, die von dem leben, was die Natur um sie herum abwirft, gelten als arm, weil sie keinen Kühlschrank, kein Auto, keinen Computer haben. Erfolgreiche

KarrieristInnen werden bewundert für die Flut an Statussymbolen, die sie sich leisten können. Ein Statussymbol beinhaltet auch die Notwendigkeit, die eigene Wichtigkeit mit einem Gegenstand zu demonstrieren. Je mehr du dir selbst wert bist, um so weniger Statussymbole hast du nötig. Je mächtiger deine Magie ist, desto unwesentlicher sind die Automarke, die Kultuhr, der Designerfummel.

Chromosome

Nur mal zum Spaß: Vielleicht haben die Chromosome gar nicht eine so hervorragende Bedeutung? Vielleicht gibt es vier Geschlechter, wie die Hopi in Nordamerika sagen? Vielleicht sind Vitamine gar nicht wichtig fürs Leben? Was ist, wenn glücklich rauchen gesünder ist als unglücklich vegetarisch essen und turnen? Ist Yoga wirklich gut für den Körper? Von wie vielen Behauptungen wird dein Universum gesteuert und diszipliniert, die du nicht überprüft hast, nicht überprüfen kannst und einfach mal glaubst, weil sie gerade den Stand der Wissenschaft oder der Yellowpress spiegeln?

Du darfst

Je niedriger der Selbstwertpegel in der Gesellschaft gesunken ist, um so höher wird der Autoritätsanspruch der Industrie. Viele Menschen lassen sich zwar von Eltern und Pfarrern nichts mehr sagen, sind aber der Werbung hörig. Weil du es dir wert bist! Du darfst. Ich erlaube es dir. Du bist so blöd, dass du nicht weißt, was du wert bist, also sage ich es dir: Du bist nur das wert, was dein Äußeres hergibt. Passe dich optimal an, und ich erkläre dich für wertvoll. Iss nur magere Kost – du darfst. Davon wirst du nicht dick. Dicke Frauen sind nicht hübsch. Also kauf mein Produkt, es enthält viel Wasser, du bezahlst den teuren Preis dafür, dass das Produkt gestreckt wird. Aber: Du darfst. Ich erteile dir die Absolution! Weil du es dir wert bist. Oder sagen wir: weil du um jeden Preis so sein willst, wie es die Modezeitschriften und die Werbung vorschreiben. Wert bist du dann gar nichts, du bist eine von vielen, die auf die Sprücheklopfer reingefallen sind.

Eigenheim

Nach jeder großen Flut fragen sich die Menschen, ob es wirklich so erstrebenswert ist, ein eigenes Haus zu haben. Wenn einmal ein Fluss mit all dem Dreck aus all den Kellern eines Landes bei dir im Wohnzimmer zu Besuch war und du hinterher nicht einfach umziehen kannst, weil es dein Eigentum ist und du jetzt auch noch dafür zuständig bist, es wieder hübsch gemütlich und geruchsfrei zu machen, für deine MieterInnen vielleicht sogar, fängst du an zu hadern und zu klagen. Und ich erinnere dich jetzt auch noch daran, dass die Sesshaftigkeit der Anfang vom Ende der freien Frauen war. Mit dem Privatbesitz kam die Unterwerfung der Frauen. Kaum gab es Besitz, musste dieser auch vererbt werden. Jemand musste die Arbeit im Haus machen. Wer das war, sehen wir heute noch.

Faden

Lass dir den Faden nicht aus der Hand nehmen, den roten Faden ins Innere des Labyrinths, ins Geheimnis, in die Tiefe deiner Kraft. Fäden werden in Mengen angeboten, sie verknoten dein Leben, binden dich in fremde Gewebe ein, zwingen dich, sie ständig alle zu entwirren und zu ordnen. So kannst du ein ganzes Leben damit verbringen, fremde Fäden aufzulösen. Befriedigender ist es, den eigenen Faden zu finden und sich an diesem Faden entlang um die eigene Kraft zu drehen. Das finden manche lächerlich oder seltsam. Aber nicht für sie muss es stimmen, sondern für dich. Wenn du dich in die eigene Kraft ziehst, am eigenen Faden, ist es dir egal, was die anderen sagen. Wenn es dir egal wird, hat das oft die Wirkung, dass du zum Vorbild für andere wirst. Aber auch das kann dir egal sein.

Geheimnis
Kannst du ein Geheimnis für dich behalten? fragt mich eine Frau. Wenn du es nicht kannst, warum sollte ich es dann tun? frage ich zurück. Mir kann niemand Geheimnisse andrehen, die sich in meinem Inneren in Streubomben verwandeln. Raus damit an die Luft. Einige der Geheimnisse zerfallen, andere explodieren in sicherer Entfernung. Das Geheime ist das Allgemeine. Einmal enttarnt stellt sich heraus, dass das Unaussprechliche, das Peinliche, das Bedrohliche Zutat in den meisten Lebensgeschichten ist. Wozu also die Geheimniskrämerei?

Gewalt
Falls du die Gewalt im dunklen Wald erwartest, kann ich dich beruhigen. Kein Gewalttäter sucht die Dunkelheit des Waldes, denn dort halten sich bekanntlich keine ängstlichen Frauen oder Kinder auf. Und die Ängstlichkeit

des Opfers ist ja eine Voraussetzung, dass Schwächlinge ihre Gewalt ausleben können. Ein wirklich starker Mensch braucht nicht die Erniedrigung anderer, um sich selbst mächtig zu fühlen.

Erfahrungsgemäß werden die häufigsten Gewaltformen nicht im fremden Außen, sondern in der gemütlichen Familie ausgelebt. Etwa 80 % aller Gewalttaten gegen Frauen und Kinder werden in der Familie begangen. Folgen wir der Kriminalstatistik, so ist die Familie der bedrohlichste Ort, an dem auch körperlich oder geistig behinderte Menschen sich aufhalten können. Die Wahrnehmung von Gefahr wird zudem durch Vertrautheit abgedämpft.

ForscherInnen um die Anthropologin Sarah Blaffer Hardy („Mutter Natur“) sind zu dem Schluss gekommen: „Der Hauptfeind des Kindes sind die Eltern.“ Wenn die Mutter nach der Trennung vom Kindsvater einen neuen Partner habe, steige das Risiko für das Kind/die Kinder, getötet zu werden, um das Siebzigfache.

Bei Gewalt in der Familie gibt es selten Gegenwehr, wenn überhaupt, dann erst, wenn der Leidensdruck unerträglich geworden ist. Was in Abu Ghraib geschah, geschieht täglich im ganz normalen Alltag vieler Familien. Frauen und Kinder werden geschlagen, geschüttelt, an die Wand geknallt, sexuell angegriffen, vergewaltigt. Gewalt ist keineswegs das Primat der sogenannten Unterschicht. Einer Frau wurde von ihrem Akademiker-Mann im Schlaf ein Kissen aufs Gesicht gedrückt, eine wurde von ihrem Liebsten an den Haaren durch die Wohnung geschleift. Ein Vater band eine Freundin und ihre Geschwister tagelang am Stuhl fest. Und so fort.

Gewalt ist der Alltag, Glückseligkeit die Ausnahme. So revolutionär ist diese Glückseligkeit, dass sie gern dumm, unpolitisch, unrealistisch genannt und von ordentlichen Menschen abgelehnt wird.

Himmel und Hölle

Die Religionen verweisen uns in bezug auf Himmel oder Hölle immer ins Jenseits. Dort wird es sich weisen, ob du brav warst und in den Himmel kommst oder ob deine Sünden dich direkt in die Hölle führen, wo du auf ewig schmoren sollst. Damit werden Menschen abhängig gehalten, in Schrecken und Atemlosigkeit durchs Leben gegängelt, kontrolliert und dominiert. Der funktionierende moderne Staat lebt von der Abhängigkeit der StaatsbürgerInnen. Wenn sie nicht gehorchen, bricht der Staat zusammen. Unpopuläre Entscheidungen können dann nicht mehr durchgesetzt werden. Also wird der Druck erhöht, um die Menschen gefügig zu machen. Erleichterung versprechen Suchtmittel und Religionen.

Was wäre, wenn Himmel und Hölle jetzt stattfinden? Wenn du dich in jedem Augenblick deines Lebens entscheiden müsstest, ob du den Himmel, die Freude, die Seligkeit, das Glück wählst oder die Unterwerfung? Was wäre, wenn es kein Leben nach dem Tod gäbe und damit jede Qual im Leben sinnlos wäre?

Da wir alle nicht wissen, was nach dem Tod folgt, ist es eine gute Idee, davon auszugehen, dass dir mehr als dieses Leben nicht zur Verfügung steht. Was liegt also näher, als den Himmel, den du herbeisehnst, gleich selbst zu verwirklichen? Die Freuden, die du erleben willst, selbst anzusteuern? Warum mit der Hölle vorlieb nehmen, wenn um die Ecke das Glück winkt?

Alles geschieht jetzt. Stell dich.

Mann

Wenn ich ein Mann wäre, könnte ich wahrscheinlich mein Glück nicht fassen. Ich würde kiffend in einer Ecke herumhängen und fände doch eine attraktive Frau, die sich abmühte, mir alles recht zu machen. Ich hätte ein paar Morde begangen, wartete in der Todeszelle irgendwo in Amerika auf Begnadigung, und schwupps, schon wäre da eine Frau, die mir versichert, sie liebe mich und wolle mich heiraten. Ich schüttelte mein Kind zu Tode, käme kurz ins Gefängnis und gründete dann einen Verein gegen das Zu-Tode-Schütteln von Kindern. Die Herzen der Mütter flögen mir zu.

Rätsel Frau! Wer weiß, was in Frauen vorgeht, wenn sie zum Schläger zurückgehen, ihre Kinder verhungern lassen, weil sie den Mann in die Kneipe begleiten wollen. Ein Mann jedenfalls kann ungefähr alles bringen und findet immer noch eine, die seine Socken wäscht und ihn verteidigt – vor anderen Frauen.

Schwerer haben es Männer, die auf ein Kind auch einmal aufpassen, ohne sich an ihm sexuell zu vergehen, die kochen, aufräumen, putzen und trotzdem unterhaltsam und intelligent sind. Mysterium Frau! Solche dünn gesäten Exemplare sind ihnen oft zu langweilig.

Wäre ich ein Mann und schlüge meine Frau tot, könnte ich mit dem Verständnis vieler Richter rechnen, denn die Verachtung der Frau, der Hass auf Frauen, Hohn und

Spott für Frauen gehen durch alle Schichten und Berufe. Da beeilen sich die Frauen doch, den Männern nicht unangenehm aufzufallen.

Recht haben sie, denn für viele ist das schon tödlich ausgegangen. Wäre ich ein Mann, könnte ich zu einer Frau, die sich beklagt, sagen: Du bist schon genauso hässlich wie die Feministin da, wie heißt sie gleich wieder? Da ich eine Frau bin, kann ich sagen: Hoffentlich sehe ich so aus. Alles andere würde ich als Abstieg empfinden.

Oder?

Der wissenschaftliche Fortschritt hat die Erde weitergebracht. Oder?

Früher mussten sich die Menschen viel mehr plagen. Oder?

Bevor die Menschen sesshaft waren, hatten sie keine Sicherheit, waren den Elementen ausgeliefert und starben früh. Oder?

Als die Frauen noch das Sagen hatten, herrschte überall Stillstand. Es gab keine wohltuenden Erfindungen, die den Menschen das Leben erleichterten. Oder?

Heute werden schönere Häuser gebaut, weil die Technologie das ermöglicht. Oder?

Peinlich

Mit keiner Empfindung werden wir mehr reglementiert als mit der Peinlichkeit. Bloß nicht peinlich sein. Ist etwas peinlich, bist du lächerlich oder unmöglich. Vor allem Jugendliche passen sich extrem an, um diesem Gefühl zu entgehen. Solange ich tue, was alle tun, kann ich eigentlich nicht peinlich sein, also folge ich der „Jugendleitkultur“.

Was ist so schlimm daran, peinlich zu sein? Das Peinliche fällt heraus, es ist „uncool“, es brandmarkt die peinliche Person, nicht „Bescheid“ zu wissen, den Dresscode nicht zu kennen, die Sprachregelung nicht einzuhalten.

Aber genau darin liegt die Befreiung. Wenn es dir egal wird, ob du peinlich bist oder nicht, kannst du in allen Bereichen, in Sprache, Kleidung, Lebensgewohnheiten, Nahrungsaufnahme frei navigieren. Du kannst tun, was du selbst für richtig hältst, und musst dich nicht an zerstörerische Rituale halten (rauchen, kampfsaufen, bei zwanzig Grad minus nierenfrei herumlaufen usw.).

Rhetorikkurse

In Rhetorikkursen lernen die Teilnehmenden, sich glatt und nichtssagend auszudrücken, um ihr Gegenüber mit inhaltslosen Worthülsen niederzumähen und jeden Widerstand verbal im Keim zu ersticken.

Rhetorikgeschulte Männer bringen ihre Frauen, ihre Angestellten zur Verzweiflung, weil sie sich eloquent inhaltlichen Auseinandersetzungen entziehen. Rhetorikgeschulte Frauen dagegen werden gern des inhaltslosen Plapperns beschuldigt, was ja tatsächlich eins der Ziele solcher Kurse ist.

Wie spreche ich, ohne etwas preiszugeben? Wie reihe ich Perlen auf einen Wortfaden, wo es weder einen roten Faden noch Perlen gibt? Wie kann ich etwas umschreiben, was nicht vorhanden ist? Wie nehme ich meinem Gegenüber das Heft aus der Hand, ohne selbst etwas einzubringen? Wie labere ich mich durchs Leben, ohne je preiszugeben, dass ich eigentlich nichts zu sagen habe?

Spiegel

Anstatt dich aufzuregen und in eine Depression zu fallen, höre auf die Worte der Menschen, die dich nicht leiden können. Diese Spiegelung ist so unbequem wie wertvoll. Du musst sie ja nicht überbewerten, doch so ehrlich wie deine FeindInnen wird niemand in deinem FreundInnen-Kreis oder in deiner Familie deine Schwächen spiegeln. Nimm es wahr und lass es wieder los. Der Wert dieser Spiegelung liegt nicht darin, selbstzerstörerisch gegen dich selbst zu agieren, sondern mit einem Lächeln wahrzunehmen: Das bin ich auch.

Seele

Frauen hatten lange Zeit keine Seele, jedenfalls wenn es nach der Kirche ging. Kaum hatten sie eine, wurden sie zu Seelchen. Darüber könnte eine ins Grübeln kommen. War die seelenlose Zeit nicht die ehrlichere? Seit wir eine Seele haben, müssen wir uns verbiegen und verstellen, um als richtige, als gute Frau zu gelten. Eine Frau ohne Seele kann eigentlich alles bringen.

Sprachverwirrung

Es gibt Frauen, die unbekümmert sagen, was ist. Die sehen und beschreiben. Die erleben oft, dass sie für ihre Wahrnehmung gewertet werden. Sagt eine zum Beispiel: Es sind weltweit Männer, die Kinder sexuell ausbeuten und ihnen Gewalt antun, dann entspricht das zwar den

Tatsachen, lässt sich wissenschaftlich und statistisch nachweisen, doch die Reaktion auf diese Bemerkung ist nicht etwa Anerkennung, sondern Kritik: Du bist eine unbelehrbare Feministin. Immer musst du Männer angreifen. Feminismus ist doch von gestern.

Es wird also mit geschickten Worten vom Thema, vom Inhalt abgelenkt, der ja von allen Männern eine klare Reaktion fordern würde, sich von Kinderprostitution zu distanzieren. Dafür wird die Sprecherin für ihre Wahrnehmung diffamiert, der Inhalt wird zweitrangig hinter der Bewertung der Sprecherin, die in Misskredit gerät, weil sie eine unbelehrbare Feministin ist. Nennt eine Frau das Kind beim Namen, ist sie eine ewige Nörglerin, eine ätzende Ökofeministin mit – eine besonders beliebte Variante, um einer das Maul zu stopfen – faschistoiden Tendenzen. Dogmatisch, humorlos, frustriert und freudlos. Wenige Worte reichen aus, um Inhalte komplett vom Tisch zu wischen und ähnliche Angriffe in Zukunft möglichst zu verhindern.

Frage der Interviewerin an einen Manager: Geben Sie zu, dass Sie Schmiergeld erhalten haben? Antwort: Mit einer wie Ihnen diskutiere ich das nicht.

Hier ist es vielleicht angebracht, das bewährte Modell „Haltet den Dieb!“ in Erinnerung zu bringen. Wer eine Frage zurückwirft, macht sich verdächtig.

Stumm

Männer mögen Frauen, die nicht soviel reden. Die meisten Frauen reden aber gern und möchten mit ihren Männern kommunizieren. Das führt in fast allen Beziehungen zu Spannungen. Die Frau plappert, der Mann fällt in den Beziehungsautismus. Deshalb sind bei den Agenturen, die ausländische Frauen an deutsche Männer vermitteln, stumme Frauen am beliebtesten. Vielleicht haben Männer deshalb Hunde so gern, weil die nichts sagen können.

Tellerwäscherin

So manche Hausfrau träumt von der magischen Verwandlung vom Tellerwäscher zum Millionär, aber ist dir schon mal aufgefallen, dass es nie „von der Tellerwäscherin zur Millionärin“ heißt? Also hör auf zu träumen, lass Teller Teller sein und mach dich auf den Weg, deine Träume zu verwirklichen. Beim Tellerwaschen in deinem Haushalt laufen sie dir eher durch den Abfluss.

Übersetzung und Sprachgebrauch

Einen Text zu übersetzen ist eine große Kunst. Neuerdings hilft uns sogar der Computer, Menschen in anderen Ländern zu verstehen. Wir können zwischen Pelzkartoffel (Lanzarote) und Fischklinge (Griechenland) wählen. Wir befinden uns „in 2006“. Muss das nicht „im Jahr 2006“ heißen? Was eine idiomatische Sprache ist, spricht sich nicht mehr bis zu den Redaktionen der Zeitungen durch. Victoria Beckham ist „krank und müde, von ihren modischen Experimenten zu lesen“, schreibt die Süddeutsche Zeitung. Sick and tired – sie hat es satt! Die Lektüre einer Gebrauchsanweisung verlangt zuweilen übermenschliche Assoziationsfähigkeit.

Wir gewöhnen uns daran, dass unsere Kinder schon so sinnentleertes Zeug reden wie die Klone im Privatfernsehen (die Calvin Klone-Generation). Laut „Bildzeitung“ darf ein Satz sechs Wörter haben, damit er noch allgemein verstanden wird. Finde die sechs Wörter, die eine sprachgestörte Endverbrauchergesellschaft bewegen! Sprich sie aus!

Urne

Die Urne ist ein Gefäß, in dem die Asche einer toten Person aufbewahrt wird. Da ist es doch einigermaßen seltsam, dass auch für die Aufbewahrung von Wahlzetteln eine Urne bereitgestellt wird. So wird in der Wahlurne die Eigenmacht des Einzelnen im Staat beerdigt.

Verein

Vereine sind aus der Mode gekommen, jedenfalls fnden viele es uncool, einem Verein beizutreten. Tatsächlich hat die Vereinsmeierei nur andere Züge angenommen. Yoga, Tai Chi, Zenbuddhismus, Internetgruppen – der Wunsch, irgendwo dazuzugehören, ist übermächtig.

Während in der Liedertafel oder im Taubenzüchterverein niemand erwartet, dass ein Mitglied sich total unterwirft, ist das bei neuen Vereinen nicht so sicher. Deshalb prüfe, wer dir den Kopf verdrehen, das Geld aus der Tasche ziehen, den Atem rauben, die Fantasie stutzen will.

Vereine – von der Kirche über den Alpenverein bis zum Hexencoven – haben gern ein höheres Ziel, das manchmal mit eher unfairen Mitteln errungen werden soll. Die einen müssen einen Eid leisten, andere einen Fragebogen ausfüllen, hier musst du ein Glaubensbekenntnis ablegen, dort einen Leistungsnachweis bringen.

Da heißt es Mutterwitz bewahren, und wenn es nichts zu lachen gibt, dorthin zu gehen, wo gelacht wird.

Verrückt

Auch so ein Zauberwort, mit dem Frauen in ihre Schranken gewiesen werden, denn wenn es auch stimmt, dass weltweit 98 % der inhaftierten Kriminellen Männer sind, so ist doch auch wahr, dass Frauen eher in der Psychiatrie landen als im Gefängnis. Das hängt auch damit zusammen, dass sie selbst denken, sie seien verrückt, wenn sie langsam normal werden, eigene Wünsche und Vorstellungen entwickeln und sie durchsetzen wollen.

Die Welt, die eigenen Anpassungsmantren verrücken, um auszubrechen, kann lebenserhaltend sein. Dafür muss eine nicht ihre Verantwortung abgeben und in die Psychiatrie gehen. Eine eigene Wohnung oder eine Wohngemeinschaft tun es auch.

Versprechen

Dieses Wort enthält eine interessante Doppelbedeutung: Sich versprechen heißt, versehentlich etwas Falsches sagen, aber auch: ein Versprechen geben. Können wir daraus schließen, dass die deutsche Sprache Versprechen und Versehen gleichsetzt? In der treuen Versicherung liegt zugleich auch ein Fehler, ein Versehen.

Überhaupt ist die Vorsilbe „ver" interessant. Manchmal bedeutet sie, dass der Wortsinn so überzogen wird, dass er endet. Zum Beispiel verwesen – Ende des Wesens. Versehen – nichts Genaues gesehen, daher der Irrtum. Verbrauchen – solange brauchen, bis nichts mehr da ist.

Oder eben versprechen – zuviel geredet, und jetzt kann man nichts mehr glauben.

Warum?
Dazu gibt es nur eins zu sagen: Warum nicht?

Werbung
Die Sprache der Werbung enthält alle Bestandteile, die wir für Glück, Zufriedenheit, Wohlgefühl zu brauchen scheinen. Freiheit kommt oft vor, das Wort, das mittlerweile gar nichts mehr aussagt und dafür um so mächtiger wirkt, denn während der Inhalt völlig beliebig ist, suggeriert das Wort die Verbindung zu einem guten Gefühl, das mit einer Automarke, einer Bank, einer Kaffeesorte oder einem Alkohol-Label gekoppelt wird, um den Absatz/den Gewinn der entsprechenden Firma zu erhöhen.

So wird aber auch manches Wort, das sinnentleert wurde, zum wertvollen Warnsignal. Warum wird dieses Wort von dieser Firma verwendet? Was soll mir damit suggeriert werden? Welche Absicht steckt dahinter? Es lohnt sich, den Wohlfühlworten auf den Grund zu gehen. Im Fall Freiheit und Schnaps: Diese Freiheit enthält 42 % Alkohol und ist damit das Gegenteil, nämlich Abhängigkeit. Im Fall der Bank/der Plastikkarte: Freiheit mit der Karte bedeutet meist auch Verschuldung, wo bleibt da die Freiheit?

Wesen
„Wesen“ war in meiner Kindheit ein Schimpfwort, das mir die Handarbeitsschwester an den Kopf warf. Ein Wesen

war weniger als ein Mensch, und da ich nicht katholisch war, war ich eben nur ein Wesen.

Wenn ich von Wesen spreche, meine ich all die Energieformen, die sich auf unserem Planeten, in unserem Sinnesbereich äußern oder zu erkennen geben. Vom Menschen über Tier, Pflanze, Stein oder Element bis hin zu nicht verkörperten Energien, Wesen, eben. Und das Wort „verwesen" enthält auch, dass das Wesen des Wesens möglicherweise gar nicht im Körperlichen, sondern eher im Energetischen liegt. Genauso ist es mit den Begriffen „anwesend" oder „abwesend", die ausdrücken, dass zur Wahrnehmung die Präsenz von Körper und/oder Energie gehört. Ein Mensch kann ja durchaus körperlich da und doch nicht anwesend sein.

Wortgetreu

Eine Indianerin trampt auf dem Highway. Eine Frau in einem schicken Auto nimmt sie mit. Eine Zeitlang fahren sie schweigend dahin. Dann deutet die Indianerin auf den Boden. Was ist das? Die Frau schaut hinunter und sagt: Eine Flasche Wein. Hab ich für meinen Mann bekommen. Die Indianerin denkt nach. Dann sagt sie: Guter Tausch.

Xenophobie

Das Fremde ist das Bedrohliche. Andere Gewohnheiten als die eigenen irritieren. Deutschland ist bekannt für Nachbarschaftsstreitereien. Sie ertragen einander nicht, dem einen bellt der Hund zu laut, der anderen stinkt der Grill-Rauch. Hier kräht ein Hahn zu oft, dort wächst ein Baum ins Nachbargrundstück. In keinem anderen Land wird soviel um die Privatsphäre, um die Macht der Gewohnheit gestritten wie in Deutschland. Kein Wunder, dass auch Menschen aus anderen Ländern mit großem Misstrauen beäugt werden.

Eine Freundin, auf dem Bauernhof in Oberbayern aufgewachsen, beantwortete meine ironische Bemerkung über einen Grenzstreit, bei dem es um zwanzig Zentimeter Grund ging, mit der ungeduldigen Feststellung: Das verstehst du nicht, du bist nicht hier aufgewachsen. Ich war etwa vierzig Kilometer von ihrem Hof groß geworden, klar, ich war fremd.

Fremd bist du manchmal schon, wenn du aus dem Nachbardorf kommst. Da ist noch viel Integrationsarbeit zu leisten, nicht nur für die „Fremden", sondern vor allem für die, denen alles fremd ist.

Yoghurt

Yoghurt ist eine zuverlässige verbündete Kraft der Frauen. Hast du Yoghurt im Haus, kann kaum noch etwas schief gehen. Du kannst ihn essen und deine Verdauung damit regeln, du kannst ihn auf die Haut schmieren und die Faltenbildung reduzieren, du kannst ihn in die Vagina einführen, dir damit Freude bereiten und das Bakterienklima verbessern.

Zauber

Bis in die Werbung für Reinigungsmittel hat es dieses Wort gebracht. Doch egal wie oft es missbraucht wird, es verliert nichts von seinem Glanz, denn Putzmittel sind endlich, Zauber aber ist unendlich. Menschen, die dieses

Wort im Munde führen, verschwinden am Ende ihres Lebens, der Zauber bleibt. Deshalb musst du nichts tun, um ihn in dein Leben zu holen. Er ist schon da. Wenn du ihn wahrnehmen kannst, bereicherst du dein Leben. Folgst du deinem Zauber, befreist du dich mehr und mehr aus den Befehlsstrukturen anderer Menschen und wirst ganz die deinige – von der Befehlsempfängerin zur zaubermächtigen Frau.

Zugehörig
(zuhören, hörig, zusammengehören, hören, zu)
Das Wort hat es in sich, deshalb sehen wir es uns genauer an. Da ist hören drin. Auf Befehle hören vielleicht auch. Gehörig, also mächtig. Zu, also geschlossen. Zuhören können wir herauslesen, zusammengehören, aber auch hörig sein, also keine eigene Entscheidung mehr treffen, weil nur noch das Gehörte umgesetzt wird. Wo also Zusammengehörigkeit, Zugehörigkeit gefeiert und demonstriert werden, besteht die Gefahr der Abgeschlossenheit. Wir gehören zusammen, du gehörst nicht dazu. Wir sind der innere Kreis, du bist draußen. Um dazuzugehören, musst du Prüfungen, Mutproben, Gehorsamkeitsproben ablegen. Das mündet ganz schnell in Angst und Unterwerfung auf der einen Seite und Arroganz und Gewalt auf der anderen. Gemeinsam. Einsam. Gemein.

Zweierlei kannst du nicht zurückholen:
einen abgeschossenen Pfeil und ein unbedachtes Wort (afrikanisches Sprichwort).

SPRICH ES NICHT AUS!

Worte sind mächtig, Worte können alles verändern, und was gesprochen ist, lebt in der Wirklichkeit. Der Klang der Worte zieht die Verwirklichung nach sich. Einmal gesprochen wird wahr, was genannt ist. Doch manchmal ist es noch wichtiger, nicht zu sprechen, nicht zu sagen, was auf der Zunge liegt. Du darfst meinen Namen nicht nennen, sprichst du ihn aus, so verlierst du mich auf immer. Prahlst du mit mir, siehst du mich nie wieder. In Mythen und Sagen taucht dieses Motiv immer wieder auf, vor allem im Kontakt mit anderen Seinsebenen, mit den Wesen anderer Welten, mit den Bewohnern der Geister- oder der Totenwelt, mit Helferwesen, magischen Wandlungen.

Eine weise Frau weiß, wann sie schweigen muss, sagte die Philosophin Erika Wisselinck. Manchmal ist es wichtig zu sprechen, zu sagen, was ist, zu formulieren, was faul ist. Worte zu finden für einen Zustand, der schwelt. Das Verborgene ans Licht zu holen. Aber manchmal ist es existenziell, nicht zu sprechen, nichts zu sagen, nichts zu erklären, nichts zu beweisen. Ein Wort und der Zauber bricht. Eine Prahlerei und du bist deine Verbündeten los. Ein Kräftemessen – und die Geister, die du riefst, sind fort.

Schweigen ist Gold – damit wird immer wieder die Kommunikationsunfähigkeit mancher Menschen, vor allem mancher Männer gerechtfertigt. Reden ist Silber, klar, Silber ist kommunikativ, leitet Kräfte. Gold steht für sich, eingeschlossen im eigenen Glanz. Gold leitet nicht.

Schweigen kann nur Gold sein, kann nur wertvoll und sinnvoll sein, wenn dir die Fähigkeit zur Kommunikation nicht fehlt. Schweigen ist nur dann Gold, wenn es etwas zu sagen gäbe, aber die Einsicht, das Bewusstsein es verbieten, jetzt zu sprechen.

Das Besondere, das Geheimnisvolle zu zerreden, zu zerplappern, kann es zerstören. Wird etwas mystifiziert, kann es wichtig werden, es mit Worten auf seine Substanz zu reduzieren. Doch gelingt ein Zauber, so lässt er sich am besten in der Sprache aller Wesen genießen – schweigend.

Das Nötige sprechen
entschlossen handeln
das entscheidende Wort auf den Lippen
das nichts entschuldigt
nichts erklärt
so ist die Magie der weisen Frau

Luisa Francia

Berühre Wega, kehr' zur Erde zurück
ISBN 3-88104-120-6

Kalypso
ISBN 3-88104-138-9

Mond • Tanz • Magie
ISBN 3-88104-152-4

Drachenzeit
ISBN 3-88104-165-6

Zaubergarn
ISBN 3-88104-190-7

Spielend Scheitern
Ein Leidfaden für Frauen mit 13 Tips zum Mißerfolg
ISBN 3-88104-203-2

Die 13. Tür
ISBN 3-88104-210-5

Die schmutzige Frau
ISBN 3-88104-226-1

SteinReich
ISBN 3-88104-239-3

Auf der anderen Seite der Haaresbreite
ISBN 3-88104-252-0

Starke Medizin
ISBN 3-88104-266-0

Eine Göttin für jeden Tag
ISBN 3-88104-280-6

im Verlag Frauenoffensive

Luisa Francia

Die Bärin im 11. Haus
ISBN 3-88104-293-8

Sanfte Wirbelstürme, vergessene Flügel
Das Rückenbuch
ISBN 3-88104-306-3

Drei Wünsche
Von der Vision zur Magie als Handwerk
ISBN 3-88104-317-9

Der wilde Blick
ISBN 3-88104-328-4

Der Rest deines Lebens beginnt jetzt
Rituale
zur Verzauberung des Alltags
ISBN 3-88104-339-X

Die Sprache der Traumzeit
Kunst und Magie
ISBN 3-88104-350-0

In den Gärten der Kore
Visionen aus einem weiblichen Universum
ISBN 3-88104-360-8

Auf Katzenpfoten zur Nirwanarolle
Ein Übungsbuch
mit Audio-CD
ISBN 3-88104-369-1

einschlafen träumen ausschlafen
Die Gabe der Schmetterlingsfrau
ISBN 3-88104373-X

im Verlag Frauenoffensive